序　グローバリゼーションのなかのアジアの大学

角替　弘志

アジアの高等教育の現状を見たとき、「学生数が世界一(二〇〇三年には約一、六〇〇万人に達した)」は中国であり、「進学率が世界一(二〇〇四年は八一・三%)」は韓国であるという状況は、端的にアジアにおける教育へ向ける社会の意欲、エネルギーの強さを示していると言えよう。より豊かな社会(国家)を目指して、経済活動を拡大し、産業構造を変革していくためには、それを可能とする人材の育成が絶対必要な条件であり、そのために最大の力が注がれているのである。

わが国においても、教育は「国家百年の計」——国家発展の基礎——であるとして、明治以降、その普及・浸透・発展のために積極的な取組みがなされ、さまざまな努力が払われてきた。二〇世紀初頭の一九〇二年には義務教育就学率は九〇%を越え、中等教育機関への進学率も、第二次世界大戦開戦の前年の一九四〇年には二五%に達していた。敗戦後、わが国は民主的・平和的な文化国家の建設を目指して教育に取り組み、義務教育を中学校を含む九年間に延長するとともに、教育の機会均等の原則を踏まえて学校制度を単線型(六・三・三・四)に改編した。こうしたなかで、経済の高度成長を背景に、この静岡でのフォーラムでアジア・太平洋地域の各国の研究者によって報告されたように、それぞれの国が極めて積極的に大学等の高等教育機関を中心に優れた人材の育成に取り組んでいる。

わが国では、大学の目的は「学術の中心として、広く知識を授けるとともに、深く専門の学芸を教授研究し、知的、道徳的及び応用的能力を展開させること」（学校教育法第五二条）とされている。大学には、それぞれの分野の最新で最先端の知識・技術・識見等を集積するとともに、さらに新たな知識・技術・識見等を創出すること、さらに、そこでの教育によって高度の専門性と卓越した能力を有する人材を育成することが期待されている。このことは他の国々にも共通することであると言えよう。ただ、そのための方策は、どのような人材（質）をどれだけ（量）育成するかという問題を含めて、当然のことながら一様ではない。

グローバリゼーションが進むなかでは、他国との競争に耐え得る優れた力量を有する数多くの人材の育成・獲得が求められる。そのためには大学等の高等教育の拡大を図りつつ、学生の教育においても、通常の授業等における厳しい教育、選抜された学生に対する集中的な教育、成績優秀者の称揚等によって意欲を高めるだけではなく、世界の先端を行く技術を備えた企業等との連携（産学の協同）、他国の優れた大学等への留学、他国への大学等の進出などのさまざまな方策がとられているのを見ることができる。また、それぞれの国では、個々の学生に対して、コンピューター教育の徹底を図るとともに、国際社会の情報を常に的確に得るとともに教育研究等の成果や自らの考えを世界に向けて発信できるように国際社会で通用する言語の習得やコミュニケーション能力を向上させるための教育に力を注いできている。

しかし、このような大学等の高等教育の拡大と質的向上の取組みが、各国において、財政や大学運営(民営化)等の問題のみならず、入試競争の激化に伴う教育の歪み、教育機会の不平等、社会の階層化等の問題を顕在化させていることも確かである。

さらに、グローバリゼーションは同じ土俵の上での競い合いになることから、そこで互いにナンバーワン、オンリーワンを目指すことが、質の向上を生み出す反面、教育や研究等の一点集中化や画一化、規格化を生じさせたり、厳しい競争が教育(人格形成)や人々の価値観にある種の歪みを生じさせる恐れを内包している。

アジア・太平洋の各地域には長い歴史の中で育まれた、それぞれに独自な文化がある。人々が自らの置かれた風土に即して生活を営むなかで生み出し築き上げてきた宗教、言語、習慣、造形・表現等がある。この多様性が、世界標準(world standard)という視点あるいは能率性・効率性・快適性という視点から道具や生活様式の共通化・標準化が進められるなかで、消滅し失われていくとしたらあまりにも惜しいことである。

グローバリゼーションは、本質的には交流、即ちこれまで距離や国という壁のために、お互いに見ることも触れることもできなかった生活・文化に直接に触れることができるようになることである。

このような交流を通して、それぞれの地域の人々が自らに対する誇りと自信を改めて抱くとともに、異なったものに驚き、感嘆し、それに対する寛容さを培うことこそが重要である。このことを通して、さまざまな文化が融合した新しい洗練された文化が創り出されるのである。

大学の重要な役割の一つは、それぞれの国や地域の独自な固有の文化を保存し、あるいは消滅した文化を発掘し、その価値を世界の多くの人々に発信することであると言える。大学等の高等教育機関は正にそのような交流の拠点でなければならない。

このような視点からわが国の大学を見たとき、一般的には、これまで必ずしも十分にアジア・太平洋の国々や地域に目を向けていなかったことが指摘できる。大学における外国語の教育においても、英語をはじめヨーロッパの言語の教育には力を注いできたが、中国語以外は外国語教育の科目として取り上げられることはほとんどなかった。アジアからの留学生が日本語を学ぶことを期待しながら、日本人の学生がアジアの国々の言語の学習に関心を向けないことは問題とされなければならないであろう。言葉はそれぞれの国や地域の自然や文化を理解するためには欠かせない道具である。

グローバリゼーションが今後一層進むなかで、技術革新による生産性の向上と人々の生活の水準の向上を図りながら、多文化共生の社会を築いていくためには、大学等において教員、学生の積極的な交流を含め、そこから生じるさまざまな問題を相互に協力して解決していく態勢を整備していくことが必要なことである。このことに向かって具体的な取組みが早急に積極的になされなければならない。

アジア・太平洋高等教育の未来像／目次

序　グローバリゼーションのなかのアジアの大学……角替　弘志……i

I　アジア・太平洋地域の高等教育改革……馬越　徹……3

1　はじめに……5
2　アジア・太平洋地域の高等教育の見方……8
3　高等教育拡大と私立高等教育……11
4　グローバル化と高等教育改革戦略……16
5　むすび――日本の高等教育改革への示唆――……30
注(32)

II　各国の現状と課題……35

1　中国高等教育の発展と改革――回顧と展望――……ク・チエンミン(顧建民)……37
1　はじめに……37
2　後発で外的要因により誘発されたパターン――中国高等教育の近代化の歩み――……38

3 飛躍的な発展──一九九〇年代以降における中国高等教育の新たな発展の達成──……43
4 大衆化と高度化──中国高等教育の展望──……49
5 大学の改革──中国高等教育における改革と発展の焦点の変化──……53
6 結　論……57
注(58)
2 韓国における高等教育──背景・課題・展望──……ハン・ユギョン(韓裕京)……61
1 はじめに……61
2 高等教育の発展とその歴史的概観……63
3 高等教育制度の現況……69
4 主要な高等教育政策の方向性と課題……74
5 主要な高等教育改革……82
6 結　語……89
注(90)
引用・参考文献(91)

3 タイにおける高等教育改革……………………………ワライポーン・サンナパボウォン…95
——質の向上と大学の自律的運営をめざして——
1 はじめに…………………………………………………………95
2 国家的アジェンダとしての高等教育改革……………………96
3 現状と課題………………………………………………………98
4 教育改革の課題とその正当性…………………………………102
5 一九九九年国家教育法に基づく高等教育改革のガイドラインとその実施状況……104
6 国家教育法の施行と高等教育改革……………………………107
7 高等教育改革を促進するための政府の施策…………………115
8 結　論……………………………………………………………117
参考文献（118）
4 グローバル化時代のマレーシアにおける高等教育改革………………杉本　均…121
1 グローバル化の影響の今昔……………………………………121
2 反グローバル化の時代：教育のマレーシア化………………125
3 グローバル化の潮流に対するマレーシアの対応……………130

4　結　語……144
引用・参考文献（146）

5　オーストラリアとアジアの高等教育改革における挑戦と緊張……クレイグ・マッキニス…151
1　はじめに……151
2　オーストラリア高等教育システムの特徴……153
3　一九九〇年代の諸改革：持続する効果……157
4　二〇〇三年改革と介入の限界……162
5　アジアとオーストラリア：類似と差異……169
6　結論：課題と緊張……178
参考文献（180）

III　座談会「アジアの高等教育の現状と課題」……183
馬越　徹（司会）
坂本和一
中山慶子
末廣　昭

あとがき …… 影山敦彦 223

アジア・太平洋高等教育の未来像

I　アジア・太平洋地域の高等教育改革

馬越　徹

1　はじめに

一九八〇年代後半から顕著になったグローバル化の波は、ベルリンの壁崩壊やソ連邦の解体によって決定的なものとなった。いわゆる冷戦の終結は、政治体制の民主化と経済のグローバル化を同時に加速させたのである。高等教育の分野においても、それ以前は、「科学に国境はない」といわれながら、実際には学問研究そのものが政治的二極体制のなかに閉じ込められ、それぞれの体制内において「中心―周辺」ないし「支配―従属」の関係を強いられてきた。ところが政治・経済体制の変動は、人材養成や知識創造を担う大学・高等教育のあり方に対しても大きな変化を求めることになった。

このような世界的潮流はアジア・太平洋地域にも大きな影響をあたえることになった。一九九〇年代には軍出身の政治家による長期政権（フィリピン、韓国、インドネシア等）が次々に打倒され、政治の民主化は文民政権の誕生という形で進行した。経済の面では六〇―七〇年代における日本の成長がＮＩＥＳおよびＡＳＥＡＮに伝播し、九〇年代のアジアは「世界の成長センター」になりつつあると賞賛された[1]。また中国およびベトナムのような社会主義体制を維持している国においても、経済の市場化が国策として推進されたため、アジアの経済は活況を呈したのである。こうしたアジア諸国の動きに対し、南半球のオーストラリアは機敏に対応した。すでに八〇年代にいわゆる白豪主義を清算し「多文化主義」を標榜する多民族国家に転換したオーストラリアは、アジアからの移民受け入れを容認すると同時に、アジア・太平洋国家としての政策を積極的に展開した。

高等教育の分野においても、アジア・太平洋地域は世界の他の地域に例を見ない大きな発展が見られた。政治体制の民主化は、国民の高等教育機会の拡大要求を刺激し、高等教育人口は拡大の一途をたどった。一方、成長を続ける経済は、多様で高度な人材の供給を高等教育に求めるようになった。このような政治・経済におけるプラスの循環が九〇年代のアジア・太平洋地域の高等教育改革を牽引したといえる。特に注目されたのは中国とオーストラリアの動向であった。中国の場合、いわゆるソ連モデルの高等教育構造に大胆にメスを入れ、既設大学の大胆な統合・再編と民弁大学（私立大学セクター）の認可等を通じて、二一世紀に向けた高等教育戦略を開始した。一方オーストラリアは、市場原理に基づき従来の二元制高等教育システムを一元制に統合・再編すると同時に、アジア地域へ向けた高等教育の海外展開（オフショア・プログラム）を積極的に進めてきた。二一世紀の初頭（二〇〇一）時点で、オーストラリアの大学（三七校）が運営している海外分校プログラムは一、〇〇〇件を越えている[2]。

一方、日本の高等教育を取り巻く環境は明るいものではなかった。バブル経済崩壊後の九〇年代は「失われた一〇年」といわれるほど、日本社会全体が活力を失った時期であった。したがって高等教育改革も、一八歳人口の急減と財政削減という厳しい状況のなかで、行財政改革の一環として進められることになった。一九九一年の大学設置基準の改定（大綱化）に始まる一連の改革は、①大学教育の質保証（量から質へ）、②公的セクター（国公立）の法人化による競争力強化、③世界水準の研究拠点（CO

E）形成等、アジア・太平洋諸国の改革動向と軌を一にしていたが、一連の改革の具体的諸相はややもすれば「内向き」のそれであった。他方、オーストラリアや中国は、WTOによる高等教育サービス貿易の考え方に機敏に対応し、自国の高等教育改革の一環として「海外展開」を組み込むことに積極的であった。留学生交流一つとっても、「一〇万人」の受け入れ達成という内向きの数値目標に重点をおいてきた日本に比べ、アジア・太平洋各国はオフショア・プログラム、トゥイニング・プログラム、学位の相互認定等、バラエティーに富むプログラムを提供してきた。

　このようにアジア・太平洋地域の国々で九〇年代以後に展開された高等教育改革は、国際的に見ても注目に値するものであるが、日本の大学関係者は必ずしもこのような動きに関心を示してきたとはいえない。このたび静岡総合研究機構が「第八回静岡アジア・太平洋学術フォーラム」の主題として、「アジアの高等教育の未来像」を掲げたのも、このような問題意識に基づいていたのではないかと推測される。フォーラムの組織委員長を務めたエコノミストでもある竹内宏氏は、冒頭挨拶において、東京で繰り広げられている経済活動の主役が多国籍化していることにふれ、高等教育も国民経済との関係（人材養成）だけで見るのではなく、「アジア太平洋全体の成長と豊かな地域づくりに役立つ」ことが必要であると説いている[3]。このような視点が日本の高等教育改革に欠けていたことは、二一世紀のアジア・太平洋地域の高等教育を考える際、大きな問題であるといわなければならない。

　本書は上記フォーラムのエッセンスを編集したものであるが、その企画段階で若干のお手伝いをし、第二セッション（「アジア・太平洋時代における日本の大学」）のパネリストとして参加した立場から、アジア・太平洋地域の高等教育を考える基本的問題点を整理しておきたい。

2　アジア・太平洋地域の高等教育の見方

(1)　「支配―従属」関係

アジア・太平洋地域の高等教育のルーツは一様ではない。しかしこの地域の多くの国が欧米列強の植民地であったことや、植民地の経験をもたない日本やタイの場合も近代的高等教育制度の創出に際してはその範を欧米の大学に求めたため、アジア・太平洋地域の高等教育のルーツは総じて欧米大学にあると考えられてきた。特に、第二次大戦後に独立し高等教育機関（大学）を設立した多くのアジア諸国は、宗主国にそのモデルを求めた場合が多かった。その後の政治状況の変化によりモデルの転換がはかられたケースが見られたが、その際の支配的モデルとなったのはアメリカとソ連のそれであった。アメリカモデルはその経済力と学術研究の優位性を生かし、全世界の大学に絶大な影響を及ぼした。ソ連モデルは、東欧や中国、ベトナムなどの社会主義諸国に限定されていたが、計画経済を実現する手段としての高等教育システムを形成した。

米ソ両大国は、アジア各国の大学作りに人材（専門家・調査団等）を派遣する一方、大量の留学生を受け入れた。帰国後彼らは各国の大学のエリート集団(教授団)として大学作りの中心になるが、研究面では米ソ両国の学術システム(学会、専門ジャーナル、財源援助団体等)のなかで活動を展開した。教育面でも英語やロシア語で書かれた教科書が使われたため、カリキュラムの土着化はスムーズに進まなかった。特にアメリカは二〇世紀における学問の中心地(center of learning)の地位を不動のものとしたため、英語の支配力はますます強まり、学問の世界における「中心—周辺」関係は強固なものとなっていった。換言すれば「支配—従属」関係がアジアの高等教育を特色づけるとの見方が広く受け入れられてきたのである[4]。一方、オーストラリアの場合はもともと英連邦の一員であり英語を公用語としていたため、その高等教育政策は英国の強い影響を受けてきたが、アジア諸国と米ソの関係に見られたような「支配—従属」関係が英国との間にあったわけではない。

(2) 大学進学競争と「学歴病」

アジアの高等教育をマクロな観点から解明しようとしたもう一つの理論枠組みとして、R.P.ドーアによる学歴インフレーションによる高等教育拡大論、ひいてはそれが「学歴病(diploma disease)」につながるとする説がある[5]。これは第二次大戦後に独立したアジアの多くの国に見られる現象であり、これらの国では国作りの過程で経済的変化(工業化)より政治的変化(民主化)が先行したため、民主化原理に基づく教育制度が初等教育から高等教育までいち早く整備された。また各国とも「国民」創出の装置として初等・中等教育を重視すると同時に、国家建設のエリート養成機関として最高学府（大学）の設立に取り組んだ。その結果、先進国では労働市場参入の条件として徐々に認められてきた「大卒学歴」が、後発のアジア諸国では近代公共部門参入の条件として早い時期から機能したため、初等・中等教育の就学率は上昇し、大学進学競争も激化することになった。

一九七〇年代までのアジア諸国の大学入学定員はかなり限定されたものであったため、狭い門戸に学生は殺到した。ところが七〇年代前半頃までのアジア各国では、大卒者を受け入れる十分な労働市場が形成されていなかったため、入学定員を抑制していたにもかかわらず大卒過剰現象さえ見られたのである。それにもかかわらず大学進学熱はおさまらず、初等・中等教育は本来の国民基礎教育を十分に果たすよりも、大学準備競争の場と化していった。こうした現象をドーアはアジア特有の「学歴病」と呼んだのである。

(3) 従属から自立へ

ところがベトナム戦争の終結（一九七五）を境に、アジアは豊かさを求めた競争（経済再建）の時代へとシフトした。第二次大戦後いち早く経済成長を達成した日本に続き、七〇年代後半には韓国、台湾、シンガポールが、やがてタイ、マレーシア、インドネシアが経済成長を国家戦略の中心に据えた。八〇年代後半になると中国やベトナムのような社会主義国家も「市場経済」による改革開放政策を唱えることとなり、アジアはまさに世界の成長センターとして注目されるようになったのである。

このような経済成長のもとで労働市場は拡大し、大卒人材の吸収力をますます高めていき、大卒者が売り手市場になる国も現われるようになった。いずれの国も大学入学定員の抑制政策から拡大路線に転換すると同時に、高等教育構造の改革にも着手した。多くの国で、短期高等教育機関の活性化や放送通信大学の創設を通じて、高等教育の拡大がはかられた。また私立高等教育の認可も高等教育拡大を加速させる契機をつくりだしたといえる。このような近年におけるアジアの高等教育の変貌は、ドーアの「学歴病」仮説やアルトバックの「支配―従属」理論に修正を迫ることになった。イギリスのタイムズ高等教育紙(THES)[6]が最近行った二〇〇四年度の世界大学ランキング上位三〇校にアジア・太平洋地域の大学六校(東京大学一二位、オーストラリア国立大学一六位、北京大学一七位、シンガポール国立大学一八位、メルボルン大学二二位、京都大学二九位)が名を連ねており、研究面でも世界のトップレベルの大学の仲間入りを果たしているのである。アジア・太平洋地域の大学は「従属」から「自立」への道を歩みだしたと見ることができる。

3　高等教育拡大と私立高等教育

アジアの高等教育を見るもう一つの視点として、私立セクターの役割に注目しておく必要がある。

特に高等教育拡大を論じる際、私立セクターの存在を抜きに考えられないのがアジアの現実である。アジアの教育に造詣の深いカミングスも、「私立教育帝国(private educational empire)」という語を用いて、アジアにおける私立教育セクターの重要性に言及している[7]。彼によれば、日本、韓国、中国のような儒教的伝統を有する国家では、公職を引退した知識人が小規模の個人立学校(プライベート・アカデミー)をつくる伝統があった。また近代学校ができる以前からイスラムの導師(ulama)や仏僧はそれぞれの宗派学校で教えてきた。一般的に近代においては国家と宗教の分離がはかられたため、近代学校は欧米では公立セクターが主導することになるが、アジア各国では公立セクターの補完勢力ないし対抗勢力として、私立セクターが土着の企業家や団体、さらにはキリスト教宣教団等によって設立されてきた。

このようなアジアにおける私立セクターの高等教育拡大に果たした役割を、筆者は歴史的移行類型(モデル)として提案したことがある[8]。**図1**に示したように、第一類型は、国および地方公共団体(公立セクター)が高等教育の中核部分を形成し、その周辺部に私立セクターが形成され始める段階、つまり「私立周辺型」である。一九九〇年代初頭の中国、ベトナム、マレーシア等はこの類型に属していた。やがて一定の年数が過ぎると、中核部分の拡大よりも周辺部分(私学セクター)の拡大スピードが急速となり「私立補完型」、すなわち第二類型に移行する。八〇年代までのタイは私立周辺型であったが、九〇年代には私立補完型に移行している。インドネシアの場合はすでに八〇年代初頭に高等教育人口の約半数が私立セクター（アカデミー、カレッジ）に属していた。このように公立セクターと私立セクターが、量的に拮抗状態になると、高等教育拡大はむしろ私立主導となり第三類型、すなわち「私立優位型」へと移行していく。日本、韓国、フィリピンの高等教育拡大は、まさに私立によって達成されたといえるのである。

このようなアジアにおける私立セクターの移行類型は、トロウの高等教育の歴史的構造・機能発展モデル（エリート型→マス型→ユニバーサル・アクセス型）とある種の関係を有している。すなわち国公立（パブリック・セクター）が中核部分を占める「私立周辺型」は高等教育のエリート段階に相当し、国公立セクターと私立セクターが相半ばする「私立補完型」になると高等教育はマス型に移行する。やがて私立主導の高等教育拡大が展開され「私立優位型」になると、高等教育の性格はユニバーサル・アクセス型に変容する。

図1に見られる移行モデルの特色をやや詳細に見ると次

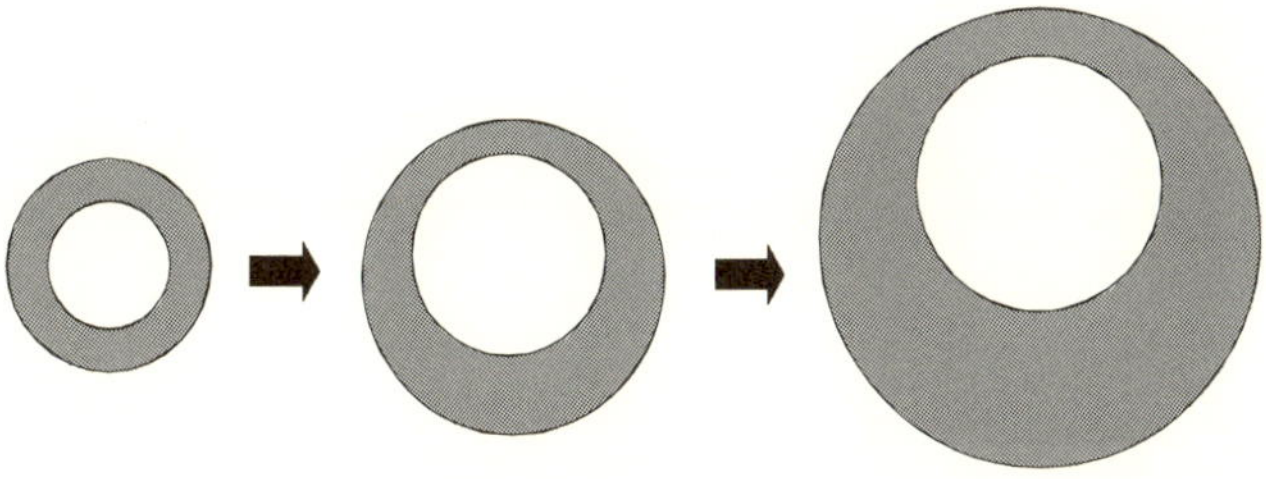

図１　私立セクター類型の移行モデル
（網掛け部分が私立セクター）

のようになるであろう。「私立周辺型」の私立は、当初大都市およびその近郊に設立されやがて地方都市に広がっていくが、市場性向が強く教育内容も職業教育的指向性が強い。当初は学位授与権をもたない小規模カレッジ（短期高等教育機関）として設立されるが、やがて「大学」のステータスを獲得していくようになる。これらの私学の多くは非宗派であり、宗派系私立に比べ拡大性向が強い。授業料は公立セクターより割高であるが、それを負担できる中間階層が増大するにつれ、学生の収容力を増し大規模化する。このような傾向は、現在の中国、ベトナム、マレーシアの私立にも当てはまる。特にマレーシアの場合、設置主体が営利を目的とする①個人事業者、②私企業、③企業連合体、④政府系企業と、非営利の⑤財団系、⑥慈善団体・地域団体等、多岐にわたっていることを特色としている[9]。

やがて「私立補完型」に移行する段階になると、多くの国で私立学校法ないし私立高等教育法が制定され、私立は正規の高等教育機関として認知されるようになり、学位授与権をもつ大学の設立も可能になる。やがて経済規模の拡大や社会的要求の多様化に応じて、カレッジ（短期高等教育機関）は様々な専門領域をもつ総合大学に改編され、公立セクターに属する大学よりも大規模な私立大学が現われるようになってくる。かつて日本や韓国の大学拡張期に見られたように、人文社会系の大学に理工学部が、また単科の工学系大学に人文社会系学部が増設される形で、小規模私大が総合大学化して規模を拡大していった。また公立セクターを補完する様々な私立短期高等教育機関が設立されるのもこの段階の特色となる。日本の私立短期大学は女子の高等教育機関として四年制大学を補完するユニークな役割を果たしてきたし、韓国の専門大学（二〜三年制の短期高等教育機関）は地域産業に直結した専門職業教育機関として発展し、いまや高等教育人口の三八％を占めるまでに成長し、理工系大学の機能を補完してきた。

高等教育がマスからユニバーサル・アクセス段階に移行するにつれ、私立セクターの果たす役割は「私立補完型」から「私立優位型」へと変化し、高等教育システムを支える中心となる。例えば就学率が五〇％を越えてユニバーサル・アクセス段階になると、既存の国公立大学の規模拡大は財源面から難しくなるのが一般的である。その際、すでに大規模化している私立大学はさらなる高等教育需要を吸収すべく、メインキャンパスとは別にブランチキャンパスを全国各地に展開し、さらなる規模拡大をはかる。日本でもそのような傾向が見られたが、高等教育拡大のスピードが著しい韓国では、九〇年代にソウル首都圏の有力私立大学が競って各地にブランチキャンパス（分校）を設立し、高等教育の規模拡大に大きな役割を果たしてきた。このような私立大学優位の傾向は、学位授与権をもつ四年制大学だけでなく、二〜三年制の短期高等教育機関においても同様に見られ、高等教育拡大の一方の主役になった。特にアジア各国の場合、アメリカのコミュニティ・カレッジ（公立）とは異なり、短期高等教育のかなりの部分は私学によって担われることが特色となっている。日本の短期大学や専門学校、韓国の専門大学の約九割以上は私立高等教育機関によって占められているのである。

もちろん私立大学セクター優位のアジア的特色にも問題がないわけではない。私立大学セクターのもつあまりの多様性は伝統的「大学」を核とする高等教育システムそのものを変質させ、教育と研究に危機をもたらしかねない側面を有しているのも事実である。高等教育システムが「私立優位型」になるに従って、学生の学力水準を一定の水準に維持することが難しくなり、教師の意識も多様化する。さらに大きな問題は、大学財政の圧倒的部分を学生納付金（授業料）に依存しているため、大学経営は学生数の変動（人口動態）や経済状態に影響を受けやすいという点である。これらの問題点を克服することができれば、私立大学セクター優位のアジア的特質は、世界の高等教育拡大に一つのモデルを提供することになるであろう。

4　グローバル化と高等教育改革戦略

一九八〇年代以後、順調に発展してきたアジアの高等教育を震撼させたのは、一九九七年末のアジア通貨危機（貨幣価値の下落）であった。グローバル化の波は金融危機という形で東南アジア経済を直撃し、ＯＥＣＤへの加盟を果たし経済先進国になったはずの韓国にまで波及し、ＩＭＦ（国際通貨基金）の支援を余儀なくされる事態になったのは記憶に新しい。マレーシアの場合、対ドル固定相場を維持して難局を凌いだことに見られるように、グローバル化の恐ろしさを各国とも経験したのである。高等教育界にあっても、海外からの短期借款で最新機器を購入していた大学は、返済に窮し公的支援を政府に要請する大学も少なくなかった。そこで近年におけるアジア・太平洋地域の高等教育改革は、いずれの国もグローバル化への戦略を中心に構想されているといえる。その特色をまとめると、次の四点に集約できるであろう。

第一は人材観の転換である。これまでのように国内労働市場を念頭においた大卒労働力の供給にとどまらず、危機に対しても機敏に対応できる国際競争力のある高度な人材の養成を、国家も大学も考え始めたといえる。第二は、国民（市民）の多様化したニーズに対応しつつ国際的に通用する高等教育システムの構築であり、それを実現する方法として既存の国公立大学の構造改革（法人化、自治化）を通じて競争力の強化をはかると同時に、様々なタイプの私立高等教育機関の育成とその質保証に積極的に取り組んでいる。第三は、これまでの教育機能（teaching）中心の大学から、研究機能（research）も重視する大学への脱皮を模索中であり、各国政府は世界水準の研究拠点（center of excellence, COE）の形成に巨額の財源を投入している。そして第四に、アジア・太平洋地域の大学はかつてのような欧米大学への従属から脱し、自立への道に大きく前進し始めている。欧米大学との「タテ」の関係から、アジア・太平洋域内大学との「ヨコ」の関係を重視した活動が目立っている。特にオーストラリアの高等教育機関は、アジア諸国からの留学生受け入れ事業やオーストラリアの大学の海外展開（オフショア・プログラム）は、域内交流を加速させつつある。またＷＴＯ（世界貿易機構）の高等教育サービス貿易交渉にいち早く反応し、国内法の整備に着手した中国の動きも注目されるところである[10]。

こうしたグローバル化に対するアジア・太平洋地域の大学の戦略を、本フォーラムに出席した国（日本、韓国、中国、タイ、マレーシア、オーストラリア）を中心に、やや詳しく見てみよう。

(1)　運営の効率化

経済のグローバル化に伴って顕著になっているのは、いうまでもなく市場原理である。この考え方は、新自由主義的経済運営からでてきたものとされているが、国の規制を緩和し選択の幅を拡大することを通じて、競争を加速させる手法を特色としている。したがって高等教育の場合、既存システムの構造改革につながる場合が多い。大学運営（ガバナンス）においても、歳入構造の多元化（民間資金の導入）と企業的経営による対費用効果が最優先される。

オーストラリアの場合は、一九八〇年代後半に成立したホーク政権の下で、雇用教育訓練省のドーキンズ大臣（前財務・貿易大臣）により、市場原理に基づく高等教育が推進されたことはあまりにも有名である。ドーキンズは、それまでの大学セクターとＣＡＥ（College of Advanced Education）からなる二元的高等教育システムを大胆な再編統合により、一元的高等教育システム（unified national system）に転換することを通じて、オーストラリア高等教育の再活性化に成功したといわれている[11]。

それに対して、アジア諸国の場合は、国費に依存してきた国立大学がその非効率性を指摘され、批判にさらされるようになった。東南アジアの場合、まずマレーシアにおいて法人化（corporatisation）が一九九八年のマラヤ大学を皮切りに、マレーシア理科大学、マレーシアプトラ大学、マレーシア工科大学の順に実施に移され、企業的大学経営方式が採用された。収益事業への参入、寄付金の募集、会社設立、資金運用の自由化等が認められる代わりに、政府予算は削減されることになった。タイやインドネシアの場合は、国立大学に対する自治権の付与、すなわち「自治化（autonomous university）」による構造改革が進められることとなった。タイにおける自治大学化の動きは一九九〇年のスラナリー工科大学に始まり、現在ではこの他に国立大学五校（ワイラック大学、キングモンクット工科大学・トンブリ校、メー・ファー・ルアング大学、マハマクート仏教大学、マハチュラロンコン仏教大学）が自治大学に移行している。自治大学になれば、大学運営の自治権（人事、予算配分、資金調達、教学計画等）を獲得する一方、政府予算は一定の教育水準を確保するための予算のみにとどめられる。残りの経費は大学が自己調達することになっている。ただタイの場合、チュラロンコン大学やタマサート大学をはじめとする歴史のある国立大学二〇校がまだ「自治化」に踏み切れないでいる。

東アジアの場合、日本は周知のように二〇〇四年度を期して国立大学は一斉に国立大学法人に移行し、公立大学も順次それに従うことが予定されている。これまでの教授会―評議会によるボトムアップ型の大学運営は、学長と役員会の執行部によるトップダウン型のガバナンス形態に様変わりした。また財源面でも中期目標・中期計画に基づく運営費交付金の配分に見られるように、競争的配分原理に転換がはかられつつある。しかし学外者が加わった経営協議会や教育研究評議会の関係等、まだ手探り状態にある部分も残されている。一方、韓国の場合も政府は二〇〇〇年に国立大学発展方案を提出し、国立大学を総長と政府（教育人的資源部）との契約に基づく「責任運営機関（autonomous institution）」とし、トップダウン型の意思決定ができるような提案をした。またこの改革案には、国立大学を全国七圏域（ブロック）に分け、ブロック内の大学・学部・学科の統廃合案や教育・研究における評価システムの導入等、競争原理を内容とする改革が盛り込まれていた。ところが国立大学のみならず私立大学教授団の反対も強く、方案を具体化するにはいたらなかった。ところが新政権となった二〇〇四年夏に発表された「大学構造改革方案」では、国公私立すべてを対象とした構造改革案が示され、入学定員の削減をはじめ、大学・学部・学科の統廃合の類型を具体的に示すなど、構造改革の体制は徐々に整いつつあるといえる[12]。

(2)　教育の質保証

アジア・太平洋地域の高等教育改革のもう一つの特徴として、その質保証（quality assurance）への取り組みがある。これは一九八〇年代に始まった世界的動向と軌を一にしているのであるが、アジアの場合その高等教育拡大にその原因を求めなければならない。高等教育機会の拡大が私立大学セクターによって担われたことは先に述べたとおりであるが、そのことは学生数の増大に見合った公的資金が投入されなかったことを意味する。結果的に教員一人当たりの学生数は増加し、学生一人当たりの教育費も低下を余儀なくされたのである。こうした危機感とともに、高等教育の市場化も教育の質保証に拍車をかけてきた。質の高い教育を提供することは国家戦略として必要なばかりでなく、個々の大学が大学間競争に勝ち抜くためにも避けて通れない課題となったのである。

こうした高等教育の質保証にもっとも早く取り組んだアジアの国として韓国がある。韓国では一九八二年以来、国公私立大学すべてを含む連合体（四年制大学を対象とする韓国大学教育協議会と短期高等教育機関を対象とする韓国専門大学教育協議会）により大学評価の試行を続け、評価体制の構築に取り組んできた。韓国大学教育協議会は一九九四年に韓国版アクレディテーション・システムともいえる七年周期の大学評価認定制度をスタートさせ、現在は第二期目の評価サイクルに入っている。二〇〇四年現在、韓国の高等教育就学率は八一・三％を記録しユニバーサル・アクセス状態にはいっているが、これを支えているのはこの評価体制を通じての質保証であるといえる。

オーストラリアの場合も高等教育拡大が本格化した一九八〇年代の半ばから教育の質保証に取り組み始め、一九九二年に連邦高等教育質保証委員会（ＣＱＡＨＥ）が設立され、①各機関による自己評価、②レビュー・チームによる訪問調査、③年次報告書の公表、という評価体制を作り出し、翌年からは評価結果（ランク付け）と財源助成をリンクする方式を構築したのである。こうした試みは二〇〇〇年に設立されたオーストラリア大学質保証機構（ＡＵＱＡ）に引き継がれている。この機構は非営利の有限会社として運営されており、五年周期の大学評価を実施している[13]。

東南アジア諸国においては、一九九〇年代になって教育の質保証への取り組みが活発になった。タイの場合は一九九九年に制定された国家教育法において、すべての教育段階の質保証をすることが義務づけられ、二〇〇〇年に設立された教育水準・質保証評価事務局（ONESQA）がその任に当たっている。大学の場合、各機関は内部評価を行うと同時に、五年周期の外部評価を受けその結果は政府に報告され、公開されることになっている。ONESQAは、各機関が教育水準の維持、卒業生の質管理、管理運営体制の効率化等を適切に行っているかを常に監督し、水準に達していない場合は期間を定めて改善勧告を行うことをその任務としている。一方、近年私立大学の認可に踏み切ったマレーシアでは、私立大学およびカレッジの教育プログラムの質保証を行うための機関として、文部省管轄下の法人として国家アクレディテーション委員会（LAN）を一九九七年に設立した。LANの主要な任務は、私立高等教育機関が提供するコースと授与する学位・資格証明書の水準を決定し、そのモニターおよび審査を行うことである。他方、法人化しつつある国立大学に対しては、二〇〇一年に文部省内に大学質保証局（Quality Assurance Division, QAD）を設置し、第三者評価による質保証に乗り出している。

こうしたアジア・太平洋地域における教育の質保証の動きに比べ、日本のそれは必ずしも十分であったとはいえない。一九九一年の大学設置基準の大綱化を契機とする大学評価制度の導入は、自己点検評価作業の普及をもたらしはしたが、本格的な教育の質保証として機能してきたとはいえない。

結局のところ二〇〇四年度を期して、第三者による認証評価制度が本格的にスタートすることになったが、多元的評価の名のもとに複数の評価機関がそれぞれの評価基準により各大学を評価することになっており、大学教育の質保証装置として十全に機能するかどうかまだ未知数である。

(3) 研究の高度化

教育の質保証とならんでアジアの大学が力を入れているのが研究面での高度化であり、それに密接に関連する研究評価システムの開発である。特に一九九〇年代の後半からアジアの各国では二一世紀を志向した「世界水準」の大学作りをスローガンに掲げる国が多くなっており、卓越した研究拠点(Center of Excellence, COE)を選定し、研究評価に基づいて多額の資金を投入するようになってきている。

中国の場合、二一世紀初頭までの第九次五カ年計画期間(一九九六—二〇〇〇)中に、約一〇〇校(六〇〇重点学科)の重点大学を指定する「二一一工程」が打ち出され、総計一〇六億元(約一、六〇〇億円)の巨費が投入された。一九九八年までに一〇〇校の選定作業は終了したが、選定は研究評価に基づいて実施されたため、大学間の競争は激化した。それに拍車をかけるかのように、一〇〇校のなかから特に優秀な大学一〇数校を選定し「長江特別招聘教授」予算[14]が配分されたため、「二一一工程」に選ばれた一〇〇校内の大学間格差も顕在化することになった。さらに一九九八年五月、北京大学創立百周年を記念して江沢民主席が公表した「九八五計画：一九九九—二〇〇一」によれば、これまでの「二一一工程」予算に加えて、北京大学と清華大学には国家（教育部）が直接支援（両大学に各一八億元＝約二七〇億円）、他の七大学（中国科学技術大学、南京大学、復旦大学、上海交通大学、西安交通大学、ハルピン工業大学、浙江大学）には国家と地方政府が共同で各大学に一〇億元（約一五〇億円）を支援し、世界一流大学作りを加速させる計画を発表した。このような一連の優秀大学選定のため、研究評価が実施されると同時に、分野を特定した評価も活発に行われている。一九九五年の大学院教育に関する評価では、一〇大学が優秀校として選定され、そのランキングまで公表されている（①清華大学、②北京大学、③南京大学、④復旦大学、⑤西安交通大学、⑥浙江大学、⑦ハルピン工業大学、⑧上海交通大学、⑨華中理工大学、⑩中国科学技術大学）。

韓国でも一九九〇年代後半、政府（金大中政権）は「世界水準」の大学作りをスローガンに掲げ、韓国学術史上例を見ない資金投入計画を発表した。「頭脳韓国二一世紀事業（通称ＢＫ21）」がそれである。当初の計画では五年間（一九九九―二〇〇三）に一兆四、〇〇〇億ウォン（約一、四〇〇億円）をソウル大学に集中投入して、同校を一挙に世界水準の大学にする計画であった。ところがこの案には、財源難に苦しむ全国の大学から猛反発が起こり、最終的には全国の大学を対象とする七カ年計画（一九九九―二〇〇五）に修正され、四分野（①科学技術、②人文社会科学、③地方大学育成、④特定分野育成）を対象に、公募方式によりプロジェクト拠点（韓国では「事業団」）を作る計画に改められた。結局選ばれた六九プロジェクトは、もともと競争力のある有力大学（約二〇校）に独占され、予算の約四五％はソウル大学に配分されることになった。ＢＫ21の特色は、ベンチマーキング方式により、競争力のある研究分野の育成に重点がおかれた。当初ベンチマークされた九八大学のうち九二大学はアメリカの大学に集中していた。もう一つの特色は、研究面で競争力のある大学を「大学院中心大学」に移行させ、若手研究者の育成に重点的に資金配分した点である。また、この事業は一年ごとに政府（教育人的資源部）により評価が行われ、その実績に応じて次年度以後の予算査定を行う成果主義に基づいて運営されている。

このような東アジアにおける研究の高度化戦略は、東南アジア諸国においても近年活発に展開されるようになっている。特にシンガポールの場合、産学官の連携により研究の高度化に取り組む戦略をとっている。シンガポール大学（ＮＵＳ）は学内にＮＵＳエンタープライズという新組織を立ち上げ、①海外分校（アメリカ、中国）、②創業センター、③産業・テクノロジー支援室、等の事業を現地企業との協同プロジェクト方式により展開している。また一九九七年にはゴー・チョクトン首相（現上級相）の「東洋のボストン構想」が提唱され、一〇年以内に一〇校以上の「ワールドクラス大学」との提携（キャンパス誘致ないしプログラムの共同運営）および大規模な留学生誘致政策を発表し、すでに八大学（ＭＩＴ、ジョンズ・ホプキンス大学、ジョージア工科大学、ペンシルバニア大学ウォートン校、欧州経営大学院、シカゴ大学ビジネス大学院、アインフォーフェン技術大学、ミュンヘン工科大学）との提携およびキャンパス誘致に成功している[15]。

日本の場合も近年、大学院制度の拡充整備と研究費の配分方式の見直しなどを通して、研究の高度化に重点をおいた高等教育政策が展開されてきている。特に二〇〇二年から始まった「二一世紀COEプログラム」は世界水準の研究教育拠点を作る試みとして注目されているが、COE形成への着手はアジア・太平洋地域の国々に遅れをとったといわなければならない。現在九三大学（二七三件）がこのプログラムに採択されているが、配分された予算額は物価水準等を考慮すると、中国や韓国のそれに比べ見劣りがする。

(4) 国際化・多国籍化

アジア・太平洋地域の高等教育のもう一つの挑戦は、大学の国際化・多国籍化への取り組みに見ることができる。特にオーストラリアの留学生政策には目を見張るものがある。現在、オーストラリア国内に留学生約一三万人、海外分校に在籍する留学生を含めると二六万人の留学生を受け入れている。一九八〇年代後半から始まった海外分校プログラム（Off-Shore Program）は、二〇〇四年現在一、〇〇八に達しているが、これらの大半はアジア地域に集中している（シンガポール二八五、マレーシア一九一、香港一六〇、中国八八、タイ三六、ベトナム二九となっている）。オーストラリアの三九大学のうち三七大学が何らかの海外分校プログラムを運営している。このような留学生受け入れ事業からの収入は、サービス産業のうちでも観光、交通に次ぐ第三位の地位を占めているといわれている。つまりオーストラリアの留学生政策は一種のビジネスモデルとして展開されており、各大学にとって留学生は重要な「収入源」となっているのである。その一方でオーストラリア政府およびオーストラリア国際教育機構（AEI）は、欧米各国との競争を意識して、オーストラリア留学の魅力として、①質保証された教育と最高の教育研究環境の提供、②豊かな自然と国内の安定、③物価は低く高い生活水準、④多文化主義に基づく社会、等をあげピーアールに余念がない。一九九七年には「留学生のための教育サービス法」を制定させている。以上に見られるようにオーストラリアと中国を含む東南アジア諸国の大学との教育ネットワークは、過去二〇年間に飛躍的に増大したといえる[16]。

一方、東南アジア諸国の方も、マレーシア、シンガポールに見られるように大学の国際化・多国籍化に積極的に取り組んできている。マレーシアの場合、一九八〇年代前半までは世界屈指の留学生送り出し国であったが、八〇年代後半から留学経費削減のために導入したトゥイニング・プログラム（Twining Program）は、マレーシアの「発明」として有名になっている。それは大学の基礎課程をマレーシアで履修し、後半の専門課程を欧米の大学で履修することにより二つの大学の学位を取得できる部分留学制度[17]であり、提携先はオーストラリア、イギリス、アメリカ、カナダ、ニュージーランド等の英語圏の大学がほとんどである。また先に見たように、マレーシアはオーストラリアやイギリスの大学の海外分校（オフショア・プログラム）を数多く受け入れていることでも知られている。さらに最近では、アセアン諸国（ブルネイ、インドネシア）や中国からの留学生受け入れや外国人教員の採用に力を入れ始めている。

また中国は一九八〇年代の改革開放政策に基づき、大量の留学生を欧米および日本に送り出してきたが、最近ではオーストラリアやマレーシア、シンガポールなどのアセアン各国にも留学生を派遣するなど、アジア・太平洋地域全体を視野に入れた留学生派遣政策を展開し始めている。それと同時に二〇〇二年時点ですでに約九万人の留学生を海外から受け入れており、将来的には留学生受け入れ大国になることが予想される。それに呼応するかのように二〇〇五年には、国家的文化戦略として中国語学校（「孔子学院」）を世界に一〇〇校設立する計画を発表している。この計画を推進するのは中国および当事国の大学であり、共同運営（相手側が土地・建物を提供し、中国側が教師・教材を派遣）方式をとっている。さらに中国はＷＴＯ加盟を契機にいち早く「中外合作弁学条例」（二〇〇三）を制定し、外国大学との高等教育プログラムの共同運営、学位の相互認定（ジョイント・デグリー）を積極的に展開し始めている。韓国も二〇〇四年に留学生受け入れ五万人計画を発表し、これまでの送り出し一辺倒であった留学政策の転換をはかろうとしている。

こうした各国の動きと同時に注目すべきは、アジア・太平洋地域の留学生交流促進を目的に一九九一年に設立されたＵＭＡＰ（University Mobility in Asia and the Pacific）の事業である。この機構はＥＵのエラスムス計画のアジア版ともいわれ、現在アジア・太平洋地域の二九カ国・地域が加盟している。二〇〇〇年からは、その単位互換スキーム（ＵＣＴＳ＝UMAP Credit Transfer Scheme）が実施に移されており、国際事務局は東京におかれている。

以上見てきたように、アジア・太平洋地域の大学の国際化・多国籍化は年々加速しているといえる。一方日本の場合、一九八〇年代に掲げた「留学生一〇万人」受け入れ計画は、約二〇年を経て当初の数値目標は達成したが、いわゆる漢字圏の東アジア(中国、韓国、台湾等)に偏した受け入れになっており、東南アジアの留学生を惹きつけるだけの戦略をもちえなかった。また海外からの大学誘致も一九九〇年代初頭に、与党政治家や地方自治体が中心になってアメリカ大学の日本校受け入れが進められたが、政府(文部省)が積極的でなかったため、ほとんどが失敗に終わった。したがってアジア・太平洋地域全域に広がっているオーストラリアのオフショアプログラムにもほとんど関心を示してこなかった。またWTOの「高等教育サービス貿易」への対応も、他のアジア・太平洋諸国に比べ、具体的な展開は見られない。それに関連して文部科学省・調査研究協力者会議により検討された審議のまとめ(「国境を越えた教育を提供する大学の質保証について」)[18]も、相変わらず「守りの姿勢」が先にたっている。これまで高等教育の国際化については政府の各種答申(臨時教育審議会、大学審議会、中央教育審議会)でたびたび取り上げられてきたが、それらが戦略的政策となることは少なかった。したがって各大学が独自に進めてきた大学間の教育学術協定数も九、〇〇〇件を越えるまでに増加しているにもかかわらず、日本の大学独自のユニークな交流成果をあげるにはいたっていないのが現状であるといわなければならない。

5　むすび——日本の高等教育改革への示唆——

以上見てきたようなアジア・太平洋地域の高等教育改革の動向に、これまで日本の大学関係者は必ずしも十分な注意を払ってこなかった。アジア・太平洋時代というスローガンは溢れているものの、日本の大学はアジア・太平洋地域の若者(留学生)や研究者を惹きつけるだけの魅力(attractiveness)と高度な品質(excellence)を必ずしも備えるにいたっていないのである。以下に示すように、この一〇年間に展開されてきた高等教育政策はどれをとっても、アジア・太平洋地域の大学にモデルを提供するようなものはなかったといわなければならない。むしろアジア・太平洋地域の大学の戦略構想とそれを実施に移してきた実行力から学ぶところの方が多いと考えられる。

①大学設置基準の大綱化(一九九一)に始まる一五年間の大学改革は、あまりにピースミールでグランドデザインに欠けていた。突如として提案され実施に移された国立大学の法人化はその典型であり、そこには私立を含む日本の高等教育システム全体に対する改革デザインは示されていない。この点、法人化の制度設計を提示し、それに賛同する大学から順次法人化していく手法をとっているアジア・太平洋国家の戦略の方が理にかなっているのではなかろうか。

②トップ三〇大学構想に始まり、曲折を経て実施に移された「二一世紀COEプログラム」にしても場当たり的政策であり、必ずしも中・長期の戦略的政策展開とはいえない。事業規模(予算)・事

業内容・評価のあり方等、どれをとってもアジア諸国のCOE（中国の「二一一工程」や韓国の「BK21」）に見られるような、徹底した戦略性が見られない。

③このところ進んでいるといわれているカリキュラム改革を通じての教育の質保証をとっても、いまだに学士課程教育の決定版を見出すにはいたっていない。また教養教育や外国語教育の面でも、アジア・太平洋地域の視点が欠落している。

④これまでの学生交流事業は「一〇万人計画」に見られるように政府主導の受け入れ一辺倒のものであり、日本人学生の送り出し、特にアジア・太平洋地域への送り出しを含む双方向のものではなかった。UMAPの国際事務局は日本にあるが、その単位互換スキーム（UCTS）に日本の大学は、必ずしも積極的でない。さらに近年、アジア・太平洋地域の大学との教育学術交流協定は量的に増加の一途をたどっているが、交流の実態が伴っていないケースが数多く見受けられる。

今後、日本の大学がアジア・太平洋地域の若者（留学生）や研究者から、真に魅力的で高品質の教育を提供していると意識されるようになるには、政府および大学は次のような観点を考慮に入れた国際戦略を実施に移す必要があるであろう。

・留学生交流の質的充実（多様な奨学金スキームの準備、博士学位の授与増大、国際交流専門人材の養成）
・研究交流の拡大（共同研究、研究資金の国際公募、国際学術誌の共同刊行）
・大学間の相互連携の促進（連携プログラムの実施、海外「分校」開設と展開）

・国際言語（英語）による教育プログラムの企画・展開
・アジア・太平洋地域の言語・文化を考慮に入れたカリキュラムの開発
・日本人大学教員のアジア・太平洋地域の大学教育・研究への協力
・アジア・太平洋地域の大学教員による日本の大学教育・研究への協同参加

注

1　世界銀行（白鳥正喜監訳）『東アジアの奇跡―経済成長と政府の役割』東洋経済新報社、一九九四年。
2　（財）政策科学研究所「高等教育サービスの国際化等に関する調査研究」（報告書）、二〇〇三年三月、一七頁。
3　「第八回静岡アジア・太平洋学術フォーラム記録集：アジアの高等教育の未来像」（報告書）、二〇〇三年一二月一三・一四日、九頁。
4　G.P.アルトバック（馬越徹監訳）『比較高等教育論―「知」の世界システムと大学』玉川大学出版部、一九九四年、一〇六―一三五頁。
5　R.P.ドーア（松居弘道訳）『学歴社会―新しい文明病』岩波書店、一九七八年。
6　*Times Higher Educational Supplement*, November 5, 2004.
7　W.K. Cummings & P.G. Altbach, *The Challenge of Eastern Asian Education*, University of New York Press, 1997, pp.135-152.
8　P.G. Altbach & T. Umakoshi, *Asian Universities-Historical Perspectives and Contemporary Challenges*, The Johns Hopkins University Press, 2004, pp.33-49.

9 杉本均「マレーシア―高等教育政策の歴史的展開」（馬越徹編『アジア・オセアニアの高等教育』玉川大学出版部、二〇〇四年）九四頁。
10 馬越徹編『アジア・オセアニアの高等教育』玉川大学出版部、二〇〇四年、七―一一頁。
11 杉本和弘『戦後オーストラリアの高等教育改革研究』東信堂、二〇〇三年。
12 馬越徹「いよいよ本番を迎えた大学構造改革」（『カレッジマネジメント』130、二〇〇五年三〜四月）一〇―一六頁。
13 杉本和弘「オーストラリア―高等教育の市場化と高まる国際的プレゼンス」（馬越徹編『アジア・オセアニアの高等教育改革』玉川大学出版部、二〇〇四年）二一九―二二一頁。
14 任期五年の特別教授ポストで、特別手当として年間一〇万元（約一五〇万円）が与えられる。この特別ポストが約一、〇〇〇ポスト用意され、国内外から公募された。大塚豊「中国―大衆化の現実と知の拠点形成」（馬越徹編『アジア・オセアニアの高等教育』玉川大学出版部、二〇〇四年）二八―二九頁。
15 池田充裕「シンガポール―グローバリゼーションに挑む高等教育改革」（馬越徹編『アジア・オセアニアの高等教育』玉川大学出版部、二〇〇四年）一六〇―一六一頁。
16 （財）政策科学研究所、前掲報告書、一六頁。
17 杉本均、前掲論文、七八頁。
18 文部科学省（国際的な大学の質保証に関する調査研究協力者会議）「国境を越えて教育を提供する大学の質保証について」〈審議のまとめ〉、二〇〇四年三月二九日。

II　各国の現状と課題

1　中国高等教育の発展と改革
——回顧と展望——

ク・チエンミン（顧建民）

1　はじめに

人類社会は知識の時代に入りつつある。個人の持つ知識と革新的な能力を特徴とする人的資源は、経済的・社会的発展の不可欠な要素となりつつあるし、主要な役割を果たしつつある。産業、とくに社会生活全体と高等教育との関係は非常に緊密になりつつある。高等教育の地位と機能は、経済的・社会的発展の過程においてますます重要になってきている。大学は、社会の周縁から社会の中心に動きつつある。知識の時代は差し迫っている。それは各国の高等教育に、困難な問題と同様に、発展のチャンスを与えている。中国は古代文明の発達した国の一つであり、一九世紀までは世界全体の先頭にいた。西暦一五〇〇年から一八〇〇年までの期間、西洋諸国は産業化の第一段階にあったが、中国は、経済的・社会的発展における制度的な障害によって、西洋諸国の産業化と軌を一にする戦略的な機会を失った。そのため、中国は産業時代には先進諸国から遅れをとった。今日、中国政府は知識の時代によってもたらされた発展のチャンスに気づき、「人的資源が一番の資源である」という考えと、「科教興国」（科学技術と教育を発展させることによって国を活性化させる）という戦略を公式に明らかにし、高等教育の急速な発展を促進させるために、高等教育の考え方と制度革新を強力に唱道している。これら政府の努力はすべて、中国を人口大国から、注目に値する人的資源を有し、経済のグローバル化と科学技術の急速な発展という文脈のなかで問題に立ち向かう強国へと変えることを目的としている。最終的な目標は、中国の国民を大いに繁栄させることである。中国高等教育の近代化の歩みを振り返り、その発展の状況と改革の課題を分析することは、中国高等教育のこれからの発展の方向性を見きわめるのに不可欠であり、同時に、たんに国際高等教育における発展の経験を共有するだけでなく、アジアの高等教育の健全な発展を促進させるためにも有益である。

2　後発で外的要因により誘発されたパターン
――中国高等教育の近代化の歩み――

古代、中国は人材を養成する高等教育機関を設立してきた。すなわち、周代の辟雍、漢代から始まった太学、晋代から始まった国子監、唐代や宋代から始まった書院（古典的な学習アカデミー）である。この意味で、中国は高等教育が提供された最も古い、また最も発展した国の一つである。しかし、近代的な意味における中国の大学は、古代中国の高等教育の自然な延長の産物ではなく、西洋パターンを借りて外的な力のもとで徐々に設立されてきた。したがって、中国高等教育の近代化は、典型的に「後発で外的要因により誘発されたパターン」なのである[1]。

一八六〇年代以降、西洋先進諸国から最新兵器を突きつけられて、清代後期の見識ある人びとの多くは、この時代にあっては「富国強兵」が優先であり、「人材を養成するために学習機関を設立することと」がすべての問題を解決するための基本的な手段であると考えた。そこで清代の政府は「西洋諸国から経験を取り入れ」、技能を持った人材を養成するために特別な学習機関を設立し始めた。一九世紀末には、いくつかの近代大学が中国に誕生した。たとえば、天津の中西学堂、上海の南洋公学、北京の京師大学堂である。これらの機関の設立はヨーロッパやアメリカ、日本の大学のパターンを参考としていた。京師大学堂は、当時国が設立した唯一の大学だったが、「大まかにいって日本の教育制度を参考にしながら、中国の状況を考慮して」[2]創立された。当時の宗教系大学に関しては、ほとんどすべてが西洋大学を正確に写したものであった。清代末期の一九〇三年には、政府が最初の国家的教育制度——「癸卯学制」——を公布したが、そのなかの高等教育に関わる条文はほとんどが日本の教育制度の関連規定の模倣だった。

中華民国期、とくに一九一九年の「五四」運動以降の時期に、中国高等教育の近代化過程は加速し始めた。外国の教育制度と発展のパターンを参考に用いることもまたより徹底的になり、多様化するようになった。当時、蔡元培、梅貽琦、張伯苓など、多くの学長は海外で学んだ経験を持っていた。彼らはすべて中国と外国での教育的背景を持っており、偏見のない心を持っていた。そこで、彼らは外的な影響に対してより賢明で寛容な態度をとった。北京大学の学長になった後、蔡元培は、ウィルヘルム・フォン・フンボルトとドイツの大学から生まれた学問の自由と自治を実践するために最善を尽くした。清華大学の学長だった梅貽琦について言えば、彼は一般教育という考え方を示したが、それはアメリカ高等教育の考え方に明らかに影響を受けていた。しかし、外からの影響については、彼らはそれを選択的に取り入れただけでなく、革新的なやり方でそれを中国の文化的伝統や慣習と融和させた。蔡元培は、「大学教育はヨーロッパやアメリカから長所を取り入れるとともに、孔子や孟子の教えの精神を吸収すべきである」と提案した[3]。張伯苓は、南開大学に「固有の」発展指針を提案した。すなわちそれは、「南開大学が志すところは『中国を知り』と『中国に奉仕する』ことに尽きる。南開という固有の言葉で私が意味するのは、中国史や中国社会の学問的伝統とは反対に、中国の問題を解決することを教育目的とみなすような大学である」[4]。中国の近代大学をより高い出発点に立たせたのは、これらの先駆者たちの中国近代高等教育における洞察と実践であった。さらに、当時共有されていた大学についての考え方は、中国高等教育一定の価値ある精神的財産を残したと言える。

一九五〇年代には、特殊な国際状況と国内環境によって、中国高等教育の発展はソ連（当時）のパターンを模倣した。政府は私立大学を接収して改革し、宗教系大学を禁止し、院系調整を行った。それから、専門学院を拡大させ、産業建設のための人材と将来教師になる者の陶冶を強調する総合大学を再編成して強化した。その結果、中国高等教育はアメリカのパターンからソ連のパターンに移行した。実用を強調し理論を軽視するという教育の考え方は、清代末期に初めて現れたが、徐々に高等教育における主要な方向性となった。一九五七年以降、中ソ関係の悪化と国内外の状況の変化によって、中国高等教育は再び外部世界から孤立した。閉じられた国際環境のなかで、中国の高等教育はほとんど階級闘争の道具となり、「教育革命」と「文化革命」を経験し、最終的に崩壊の淵に至った。

一九七八年以降、改革開放という基本政策が確立され、鄧小平が「教育は現代化に目を向け、世界に目を向け、未来に目を向けなければならない」という基本指針を提案してから、中国高等教育は再び始まった。一九八五年五月には、中国共産党中央委員会が「教育体制の改革に関する決定」を公布し、そのなかで指導の原則は「教育は社会主義建設に奉仕しなければならず、社会主義建設は教育に拠らなければならない」と定義された。いくつかの決定が明確に行われた。すなわち、国際交流を強化すること、諸外国における進んだ教育の経験を参考に用いること、高等教育機関の自主権を拡大すること、中央政府が過度に高等教育機関を統制する管理体制を変えること、専門分野の構造の非合理的な状態を改めること、教育内容、教育方法と教育のシステムを改革することであった[5]。

一九九〇年代になると、中国高等教育は改革開放の深化と経済体制の転換にしたがって新たな発展の時期に入った。中国政府は一連の法規や文書、すなわち「中国教育改革・発展要綱」(一九九三年)、「中華人民共和国高等教育法」(一九九八年)、「二一世紀をめざす教育振興行動計画」(一九九八年)などを次々と公布した。政府は徹底して教育の発展を優先させる戦略を行い、「科教興国」戦略を実行し、国際的な高等教育の先進的経験を参考として用い、高等教育体制の改革を深め、高等教育の発展速度を速めている。一九九九年五月、中国政府は高等教育における在学者数の規模をさらに拡大させるという大きな決定を行った。それ以降、中国高等教育の大衆化は速度を速めた。

中国高等教育一〇〇年の近代化の歩みは、自己閉鎖から開放まで、模倣と移植から借用と革新、そしてついには率先して外部世界へ向かって動くまで、紆余曲折を経てきた。そのなかで、中国高等教育は早く先進諸国となった国ぐに、すなわちヨーロッパ、アメリカ、日本によって次つぎと影響を受けてきたが、それはおそらく四つの時期、日本とドイツの影響を受けた時期、アメリカの影響を受けた時期、ソ連の影響を受けた時期、そして再びアメリカの影響を受けた時期に分けられるだろう。総じて言えば、中国高等教育はほとんど常に、そしてまた非常に著しくアメリカの影響を受けてきた。ある時期、中国高等教育は主として他のいくつかの国ぐにの影響を受けたが、それは国際関係や政治的環境と密接に関連しているとともに、影響を与えた国の高等教育の発展状況や留学生教育と直接関連していた。

中国高等教育の近代化の歩みは、高等教育の近代化を実現する途上の時期には発展途上国が外部世界から学ぶことは当然だし、また有益であるということを示している。発展途上国は、近代化過程を促進させるために遅れてやってきたという有利さを利用するかもしれない。しかし、修正することなく盲目的に移植することには多くの費用がかかる。他国から長所を取り入れそれらを消化、吸収すること、外国の文化を自国の文化的伝統や慣習と融和させることを基礎としてのみ、発展途上国は自らの古い高等教育制度を創造的に、また新しい制度を作るために変えることができるし、その新しい制度は当該国の特徴を持ちながら世界の高等教育の発展動向に合致したものとなる。

3　飛躍的な発展――一九九〇年代以降における中国高等教育の新たな発展の達成――

一九九〇年代、とくに一九九八年以降、中国高等教育事業は歴史的に最も速く、最もすばらしい発展期に入った。高等教育体制改革と高等教育の拡大はともに、歴史的に大きな進歩を得て、飛躍的な発展を実現している。

(1)　高等教育発展の最新状況

最近の二〇年間、中国経済は急速な成長の時期にある。GDP総額は依然として年九・六%の成長率であるし、一人あたりGDPは年八・二%の成長率である。同時に、中国高等教育機関の在学者の増加率も年八・五%に達している。それにもかかわらず、中国高等教育の粗就学率は一九九八年でわずか九・八％だった。高等教育を求めて絶えず増加する人びとの要求ときわめて不十分な供給との矛盾は非常に顕著である。初等・中等学校における受験教育は遅々として効果的に解決されない。それに加えて一九九七年後半から、アジア金融危機の影響を受けたことにより、中国の経済成長率は低下してきた。需要の不足は、経済発展の主要な矛盾になった。その一方で、毎年三〇〇万人を超える中等学校卒業生が大学に進学することができず、新たな雇用圧力を作り出した。「科教興国」戦略をさらに推し進め、内部の需要を引き出し、雇用圧力を緩和し、素質教育を促進させるために、中国政府は、一九九九年春に高等教育における在学者数の規模をさらに拡大させるという大きな決定を行った。四年間の在学者数の拡大を通じて、中国の高等教育機関で高等教育を受ける学生の数は一九九八年の六四三万人から二〇〇二年には一、五一二万人になっている。八六九万人の実質的な増加があった。四年間で、高等教育を受ける学生の数は倍増している。高等教育の粗就学率は九・一％から一五％に増加している。中国は、高等教育大衆化の入り口にさしかかり始めた（**表1**参照）。二〇〇三年には、高等教育を受ける学生の数は一、六〇〇万人になっている。高等教育の粗就学率は一五％を超えている。中国は、アメリカを凌いで世界の高等教育で最も規模の大きな国になりつつある。一九九〇年から二〇〇二年までの間、高等教育の粗就学率は三・四％から一五％に増加した。高等教育の粗就学率は毎年一％増加している。このような発展の速度は、多くの人口を抱える大国や発展途上国では例がないし、多くの先進諸国におけるエリート教育段階（高等教育の粗就学率五％）からマス教育段階（高等教育の粗就学率一五％）に至る発展の速度を上回っている。

(2) 高等教育管理体制の改革における大きな進展

一九九三年、中国政府は高等教育管理体制の改革をさらに推し進めるために、「共建、調整、合作、合併」という八字方針を提案した。地方政府と中央政府は、五〇〇以上の高等教育機関の管理体制を再調整し、数年のうちにそ

表1　1990年以降におけるすべてのタイプの高等教育の拡大

（単位：万人）

年	1990	1995 (b)	1996	1997	1998	1999	2000	2001	2002
高等教育を受ける学生数	382.2	562.2	583.9	607.5	643.0	742.2	939.8	1,214.4	1,512.6
大学院教育を受ける学生数	9.30	14.54	16.23	17.64	19.89	23.35	30.12	39.33	50.10
本・専科課程の学生数	153.16	163.82	206.74	227.32	257.6	320.8	411.8	535.4	—
2～3年制の高等職業訓練を受ける学生数	219.77	126.82	360.94	362.54	365.5	398.0	498.0	639.7	—
普通高等教育機関で本・専科課程の教育や2～3年制の高等職業訓練を受ける学生数	206.27	290.64	302.11	317.44	340.88	413.42	556.09	719.09	903.36
成人高等教育機関で本・専科課程の教育や2～3年制の高等職業訓練を受ける学生数	166.66	257.01	265.57	272.42	282.22	305.49	353.64	455.98	559.16
高等教育粗就学率（％）(a)	3.4	7.2	8.3	9.1	9.8	10.5	11	13.2	15

注：(a) 高等教育粗就学率の構成要素には、大学院生、普通高等教育機関、成人高等教育機関、軍事高等教育機関で本・専科課程の教育や2～3年制の高等職業訓練を受ける学生、学歴証書試験を受けるために高等教育を受ける学生、ラジオ・テレビ大学に登録した学生（換算値）、高等教育独学試験を受ける学生（換算値）などが含まれる。

(b) 1995年の本・専科課程の学生と2～3年制の高等職業訓練を受ける学生はいずれも普通高等教育機関の学生数である。

出典：『中国統計年鑑』、『中国教育年鑑』、『中国教育事業統計年鑑』

れらの機関を共同で建設することにした。大学間の共同運営は三一七の高等教育機関で実施され、最終的に二二七の機関運営の協力が形成された。七〇八の高等教育機関が次つぎと合併して三〇二の複合的（multi-disciplinary）機関もしくは総合的な機関になっている。高等教育管理体制の改革は、かつて計画経済のもとで発達した「中央政府部門と省の部門の間で系統が分かれ、二重の機関運営となっていた」状況を変えた。新たな制度が事実上発展してきたが、その制度では高等教育が中央政府と省政府で管理され、省政府の管理がより重要であるとみなされている（**表2**を参照）。機関の自主権が強化されている。高等教育の資源配分は最適化されている。中国では、教育資源を統合することや、高等教育の分布がより合理的であるように省レベルで人口の多い都市に高等教育を広げることにも注意が払われている。

(3) 高等教育資金調達制度の改革における不断の深化

普通高等教育機関の教育経費は、さまざまなルートからの資金調達と教育費負担の分散化を通して急速に増加している（**表3**参照）。機関自身が稼いだ収入の増加率は非常に大きい。普通高等教育機関に投入された資金の総額に

表2　2003年7月時点における普通高等教育機関数

段階＼設置形態	合計	国立	公立	民営
合　計	1,517	110	1,240	167
本科課程を設置する機関	632	103	520	9
2～3年制の機関	885	7	720	158

出典：http://www.moe.edu.cn/stat/gxmingdan/

占めるこのカテゴリーの収入の比率は、一九九八年の三七・一％から二〇〇一年の四七・四％に増加している。この種の収入は、高等教育経費全体の半分にもなっている。これらのうち、授業料収入が二倍以上になっている。授業料収入が普通高等教育機関に投入された資金の総額に占める比率は、一九九八年の一三・四％から二〇〇一年の二五・六％に跳ね上がった。授業料収入は、中国高等教育において多様な資金調達制度の急速な形成に影響を与えた最も重要な要因となっている。実際、資源不足が中国高等教育の発展速度を制限する最終的な決定要因ではないということが証明されている。教育資源は制度改革によって蓄積され、その結果として制度改革が中国高等教育の発展を促進させることになるであろう。

(4)　高等教育機関の福利厚生サービスの社会化に関する改革の顕著な進展

長い間、福利厚生面のサービスは中国高等教育機関の重い負担

表3　教育経費における普通高等教育機関の収入構成（1998年～2001年）

	1998	1999	2000	2001	2001/1998
1. 合計	544.8	704.2	904.4	1,166.6	2.1倍
比率（%）	100.0	100.0	100.0	100.0	
2. 財政的教育支出	342.6	429.5	512.7	613.3	1.8倍
比率（%）	62.9	61.0	56.7	52.6	−10%
3. 各機関が稼いだ収入	202.2	274.7	391.7	553.3	2.7倍
比率（%）	37.1	39.0	43.3	47.4	+10%
4. 授業料	73.1	120.8	192.6	298.7	4.1倍
比率（%）	13.4	17.2	21.3	25.6	+12%

出典：教育部財務司による教育経費に関する統計は、上海市教育科学研究院発展研究センター「中国高校拡招三年大盤点」『教育発展研究』2002年第九期から引用した。

だった。以前の高等教育機関における後方サービスの設備と学生への不十分な便宜は、高等教育の発展を制限するボトルネックだった。一九九九年から、中国は高等教育機関において福利厚生サービスを社会化する改革を進め、機関の運営条件を改善する積極的な要因を刺激し始めた。二〇〇〇年から二〇〇二年まで、四、三〇〇万平方メートルの学生宿舎が新たに建設されるか建て直されたが、それは中華人民共和国成立以降の五〇年間での合計三、二〇〇万平方メートルを超えている。同時期に五三〇万平方メートルの学生食堂が建設されるか建て直されたが、それは中華人民共和国成立後五〇年以上での合計五七〇万平方メートルとほぼ等しい[6]。福利厚生サービスの社会化という改革は機関運営の条件を改善しており、それによって高等教育機関の在学者数の拡大がスムーズになっている。

近年、中国高等教育が飛躍的な発展を遂げられてきたのはなぜだろうか。それにはいくつかの理由がある。第一に、発展することは社会発展の支配的な原理であり、中国のすべての問題を解決する鍵である。自然資源、有形資産、人的資源のなかで、中国は人的資源においてのみ潜在的な相対的優位さを持っている。教育は、潜在的な優位さを競争的なものに変え、人的資源の活用水準を高める最も効果的な手段である。したがって、「科教興国」戦略や第一生産力としての科学技術、教育発展の優先などといった考え方はより歓迎されている。第二に、中国政府は高等教育の改革と革新の速度を速めている。政府は、高等教育機関における機関運営体制や管理体制、投資体制を改革することや福利厚生サービスを社会化することなどによって、高等教育の急速な発展を推し進めようとしている。

もちろん、中国高等教育の急速な発展過程において急いで解決すべき問題もいくつかあるように思われる。たとえば、地域間での不均衡な発展、全体としての不十分な教員集団、学問分野の調整やカリキュラム改革における遅れなどである。したがって、高等教育の改革と発展という任務は将来も困難なものである。

4　大衆化と高度化——中国高等教育の展望——

二〇〇二年末、全国的に「小康（豊かで安定した）」社会を建設するという発展戦略や、社会主義の近代化建設を速めること、二〇二〇年のGDP総額を二〇〇〇年の四倍にすることが、中国共産党第一六回全国代表大会の報告で提案された。この目標を実現するために、中国は人材と知性の強力な支援、「数億人の高い資質を持った労働者と数千万人の専門家、多くの洗練された革新的人材の訓練」を必要としている。このことは、中国高等教育のさらなる改革と発展を必要とする。近い将来においては二つの主要な任務がある。すなわち、高等教育大衆化の過程をさらに推し進めることと、一流大学および高水準の大学を建設する度合いを拡大することである。

(1)　大衆化——個人の全面的な発達を促す国民皆学習・生涯学習社会の構築——

一九九九年、中国の総人口は世界総人口の二〇・九%を占め、二五歳から六四歳までの労働人口は世界の二二・四%を占めていた。これら二つの比率はともに世界第一位だった。中国は人的資源において比較的な優位を保っている。しかし、中国の教育、とくに高等教育の発展は遅れている。先進諸国と比べれば、現在、中国の人びとが教育を受ける水準はより低いものである(一人あたり約八年間の教育を受けている)。労働人口の知識構造はかなり非合理的である。二〇〇〇年時点で、大学専科段階以上の資格を持った労働人口はわずか五%だった。したがって中国は、すべてのタイプの高等教育の継続的で健全で急速な発展を推し進めるために、高等教育の大衆化過程を進めるだろう。もちろん、これからの数年間、普通高等教育機関の在学者数の規模の増加率が、全体として経済成長率と合致する過去数年間の増加率と同じ程度に大きいということはなさそうである。平均して、七%から八%の増加率が適切である。中国は、本・専科段階の教育を着実に発展させ、高等教育段階の職業訓練を大きく発展させ、大学院教育を適当に発展させる速度を速めるべきである。中国は、すべてのタイプの高等教育を受ける学生の数を二〇一〇年には約二、七〇〇万人に到達させ(そのうち大学院生数を約一八〇万人に到達させる)、粗就学率を二三%に到達させるよう努力している[7]。二〇二〇年までにはさらに大きく増加するだろう。中国は普通高等教育と成人高等教育、現代的な遠隔教育、独学試験のための教育などの発展の調整を積極的に推し進めるだろう。より開放的でより柔軟性を持った教育制度が構築されるだろうし、そこではいろいろなパターンといろいろな水準の教育が相互に結びつけられるだろう。

民間の教育用インターネットが構築され、より完全なものになるだろう。すべての人びとのためのより完全な近代教育制度と生涯教育制度も構築されるだろう。

(2) 高度化──高等教育「大国」から「強国」への移行と中国の全体的な競争力の向上──

今日、中国高等教育機関の運営について考えるときにいくつかの普遍的な問題が存在している。それはたとえば、機関の特徴の欠如や同一の運営パターン、機関の不正確な位置づけである。すべての段階とすべてのタイプの機関の位置づけが正確でなければ、高等教育の強国を作り上げることは言うまでもなく、持続的発展の潜在性を持った近代高等教育制度を構築することは困難である。そこで中国の教育部は、すべてのタイプの高等教育機関が、質の高い人材の養成や科学技術への貢献、社会への奉仕で特有の方法の開発の面で自らを合理的に位置づけ、効果的に分業を明確にしてお互いに協力し、機関の発展戦略の計画や専門分野の発展計画、教員集団構造の計画、キャンパス建設の計画を作るべきだと提案した。いくつかの研究大学と教育・研究大学があるだろう。本科課程を主とする多くの普通高等教育機関は、本科課程の教学を主たる任務とみなすだろう。高等教育段階の職業訓練の目標は、雇用を基礎とすることになろう。したがって、実用的な技能を持ったとくに質の高い人材を数多く養成するために、質の高い人材の養成パターンの改革が強化されるべきである。すべてのタイプの高等教育機関は、同じタイプの機関の間で最も優れた機関や一流の機関になるために競うよう努力すべきであり、それが「高度化」の第一の意味である。

第二に、近代化を実現するために中国は、いくつかの世界水準の一流大学と、多くの国際的に知名度の高い大学を持たなければならない。一流大学の構築は政府の支援と投資を必要とするが、より重要なことは、それが、機関の指導者と教員、学生の長期間の努力、とくに国家建設上のポストと国際的な地位の両方で卒業生が体現する一般に認められた名声に依存していることである。同時に、これらの大学は教育や研究活動を行う多くの著名な学者や教授を引きつける。したがって、一流大学の形成には歴史的なプロセスが必要であり、それは実践のなかで試される。

長期間の建設と蓄積を通じて、現在、中国のいくつかの大学は、複数の専門分野とハイテクの領域で国際的に先進的なレベルに達しているか近づいている。これらの大学にはレベルの高い教授が多くおり、とくに養成した本科課程学生の質は高い。これらはすべて、世界水準の一流大学を構築するための条件を生み出す。中国政府は、相対的に限られた国の財源を集め、鍵となる専門分野の発展から始めて投資を拡大する多様なセクターの熱意を刺激している。政府は限られた財源を集中させて、国際的な先進レベルに近づきそこに到達する条件を備えているいくつかの高等教育機関と選ばれた専門分野の建設に大きな注意を払うだろう。中国は、これからの一〇年から二〇年の間にいくつかの大学と多くの鍵となる専門分野を世界の一流レベルに到達させるよう努力するだろう。

5　大学の改革――中国高等教育における改革と発展の焦点の変化――

高等教育の新しい状況と新たな課題にしたがって、中国政府は「強化、深化、向上、発展」[8]という新たな指導方針を提出している。高等教育改革の核心は、制度レベルから機関レベルへと変化している。中国政府は、高等教育機関それ自身の改革と発展を通して高等教育の発展に立ちふさがるさまざまな矛盾や課題を解決することにより多くの注意を払っており、それには社会的、経済的、文化的発展の需要に合致すること、すべてのタイプの高等教育機関の合理的な位置を定め科学的に計画をたてること、近代的な学校制度を完全なものにすること、専門分野と専攻の構造を修正すること、養成する人材の質を改善することなどが含まれる。

現在、そして近い将来、中国の高等教育機関、とくに研究大学と教育・研究大学は、主として次のような任務を引き受けることになろう。

⑴　専門分野の計画と発展を促進させ、機関の運営水準を改善すること。労働力市場の要求や国際競争力を向上させるという要求を国内の経済構造の戦略的な調整に率先して適合させるために、高等教育機関はハイテク領域の専門分野（たとえば情報科学、生命科学、新材料科学など）と応用的な専門分野（ＷＴＯへの加入にいち早く適合させるべき金融法学と貿易）を発展させることに焦点を当て、専門分野の構造を徹底して調整し、異なる専門分野の交流や統合を促進させ、複合領域的で学際

的な研究センターを設立し、新たな専門分野や学際的な分野を発展させるべきである。専門分野の計画と発展を通して、高等教育機関はさらなる専門分野の方向性を集約し、専門分野のチームを再編成して、専門分野の拠点を創設すべきである。

(2)　近代的な学校制度を完全なものにし、機関の規則や規定を整備すること。高等教育機関は、機関内部の議論と意思決定のメカニズムを徐々に完全なものにし、機関の運営に参加する教職員代表大会と学術的経営を行う学術組織に十分な役割を与えるべきである。高等教育機関はまた、教授が機関の運営に参加する効果的なメカニズムを模索し、教授がすべての種類の委員会において教育、研究、専門分野の発展における役割を与えられ、教員採用、外部の学者の招聘を含む学問の評価において専門家と学者の意見に耳を傾け、教授に、事実を知り機関の発展に関する主要な意思決定に加わるより大きな権限を与えるべきである。

(3)　人事制度の改革をさらに進め、優れた学者を養成し引きつけること。高等教育機関は、教員集団構成員の契約制度を徐々に実施し、公平で競争的なメカニズムを構築し、効果的な競争メカニズムを完全なものにして、新たな教員を注意深く募集・任用し、既存の教員集団を最適化すべきである。契約の基準を高め、新しい教員の「任用の関門」を厳格に統制する一方で、高等教育機関は、余剰人員を削減し、教員集団の流動性を促進させ、教員がより高い学位を得るための在職教育を受けることを支援して、中国高等教育機関において修士または博士の学位を有する者が教員の五〇%を超えるよう努力すべきである。同時に、高等教育機関は、母国に戻ってきて研究や科学技術の発展や教育を行う海外の優秀な中国人学者を引きつけ、国内の経済や科学技術、社会の発展に適合できる質の高い多くの教員を訓練して養成すべきである。

(4)　科学技術の革新を行う能力を強化し、科学技術の成果の産業化を加速すること。「やるべきことはやり、やる必要がないことはしない」という指針にしたがって、高等教育機関は、科学技術の国際的な最先端に目を向け、国の目標に奉仕するという原則を忠実に守り、基礎研究と応用研究を強め、自由な調査と学際的な研究を強化し、独創的なものを生み出す能力と鍵となる分野において科学技術の大きな国家的課題を解決する能力を高めるべきである。技術革新とハイテク産業の発展に関して、高等教育機関を基礎としたサイエンス・テクノロジーパークを運営したり、ハイテクの統合や集中を強めたり、経済の新たな成長点をうみだすためにより多くの科学技術の成果が産業に転換されるようにすることによって、大学と研究機関と産業の統合が促進されるべきである。

(5)　情報技術の手段によって人材養成の質を向上させることをもっぱらの目的とした、高等教育機関の教学の質と教学改革というプロジェクトを実施すること。このプロジェクトには次の領域が含まれる。

・基礎課程の教学を向上させることと、「深い基礎、広い学識(すなわち広い専門分野)、高い質、芸術と科学の交流の強調」という原理にもとづいて教学の質を改善すること。

・五年で一五〇〇の質の高い教育課程を作り、優れた教育資源の共有を促進させるために教育計画をインターネットで公表するよう努力すること。

・情報技術を基礎とした大学の英語教育の改革を目に見えるものにし、大学英語の教学上の基準と方法、テストの方法をさらに完全なものにして、本科・専科両課程の学生の英語を使う総合的な能力を向上させること。

・インターネットを基礎とした国レベルの近代的な教育の拠点を数多く作り、基礎課程のための実験・教学モデルセンターを作って、本・専科課程学生の革新と実践の能力を促し向上させること。

・電子図書館や教材編纂、実験設備といった優れた教育資源の共有を強化し、制度の革新を積極的に目に見えるものにして、教学評価を改革し、普通高等教育機関に五年サイクル（すなわち五年を一サイクルとする）の教学評価制度を構築することなど。

(6)　地方の経済建設と社会発展に奉仕するよう努力すること。さらに大きな成果を上げることを目的として、すべての種類の高等教育機関は地方のために優秀で高い質の人材を養成して提供し、ハイテク産業を発展させ、ハイテクの研究成果によって活気のある伝統産業を作り直し、さらなる雇用の機会を生み出し、地域の経済構造の再調整や経済発展に支援を与え、社会に奉仕することによって支援を得て、社会に貢献することによってさらなる発展を求めるべきである。

(7)　国際交流を強化し、外国のカウンターパートと協力して機関を運営し、高等教育の国際化を促進させること。中国は、高等教育分野における開放の度合いを強め、海外の高等教育の優れた資源を導入して、さまざまな方法で海外のレベルの高い大学と協調して機関を運営するよう努力し、経済建設やＷＴＯ加盟の必要に適合する新しい専門分野を発展させ、経営、金融、法、ハイテク分野における質の高い人材が早急に必要であるためその養成水準を高めるべきである。中国は、政府が大学教員や学生を海外留学に送り出す適切性と効率性をさらに高め、中国における留学生の規模を拡大させ、留学生のための中国語の教学を強化すべきである。

6　結　論

近代的な意味での中国高等教育は、一〇〇年にわたる歴史のページを刻んできた。急速な政治的、経済的、社会的変化に制約され、かつその影響を受け、中国高等教育の発展パターンはさまざまな転換を経験してきた。中国高等教育は、近代化の過程において紆余曲折を経てきたのである。それは、他国から長所を取り入れ、外国の高等教育のパターンの移植や引き写しから高等教育を改革し革新することによって、しだいに自立的な発展に向かって動いている。中国的特色を持った近代高等教育システムがほぼ形成されている。これらすべては、中国の持続的な経済的・社会的発展に質の高い人材と知性の支援を提供している。実際、高等教育の改革と発展の過程において、発展途上国がその国の特殊性を強調するとしても世界の高等教育の発展動向や共通の法則を無視することはできないし、その国の特殊な背景を考慮することなくただ世界的な動向に遅れないようにするというわけにもいかないのは明らかである。

知識社会の到来に直面して、中国高等教育は歴史や伝統からその強みを吸収し、相続したものを基礎として発展するだけでなく、経済のグローバル化や、質の高い人材の養成や科学技術の革新の面で科学技術の急速な発展から挑戦も受けている。積極的な改革を求めて、人びとの豊かさと国の強さ、さらには世界平和に貢献すべく、大学は社会の周縁から社会の中心に向かって進んでいかなければならない。

注

1　田正平『模式与伝統―中国高等教育現代化的歴史走向』浙江大学出版社、二〇〇二年、一〇二頁。
2　舒新城編『中国近代教育史料』(上冊)北京：人民教育出版社、一九七九年、一五八頁。
3　蔡元培「在卜技利中国学生会演説詞」『蔡元培全集』第四巻、中華書局、一九八四年、六五頁。
4　周川・黄旭主編『百年之功―中国近代大学校長的教育家精神』福建教育出版社、一九九四年、一四二頁。
5　諸外国の先進的な経験を参考にするために、中国は一九八〇年代初めから徹底して数多くの学生を留学に送り出し始めた。改革開放以降の二〇年あまりの間に、三五万人の中国人学生が次つぎと学習のために外国へ行った。ほぼ一二万人の学生は学習を終えて母国に戻っている。同時に、中国で学ぶ外国人学生は三〇万人以上に達している。この留学生集団は、高等教育の西洋的な考え方を唱道し、外国の高等教育管理体制やカリキュラム制度、教学内容を紹介する最も積極的な力となっている。

6 陳至立「十三届四中全会以来我国教育改革与発展的歴史性成就」(『人民日報』二〇〇二年九月二六日)。

7 呉啓迪「開創高等教育改革、発展新局面」(『中国大学教学』二〇〇三年)。

8 「強化」は、新しい体制とメカニズムにおいて高等教育機関が法規や規則の面で秩序があり、科学的で効率的に運営されるようにし、教育資源の最適化と集中化の結果を十分に活用するために、中国政府が高等教育機関の分布構造の再調整をうまくやり続けることを意味している。「深化」は、政府が、高等教育機関の内部管理体制が社会主義経済体制の必要と高等教育の発展により適合するように、高等教育機関の改革の強調点をマクロな分布を調整することから機関の内部管理体制をより完全なものにすることへと移行させたことを示している。「向上」は、高等教育機関が専門分野の発展をうまく行い、機関の水準を向上させ、中国のためにより質の高い人材をより多く養成するために教育の質を改善させることを意味している。「発展」は、政府が時代にしたがって絶えず着実に前進し、高等教育にアクセスすることをいっそう希望する多くの若者の差し迫った必要を満たすために、高等教育の発展の速度を速めるべきであることを示している。

(訳：南部　広孝)

2 韓国における高等教育——背景・課題・展望——

ハン・ユギョン（韓裕京）

1 はじめに

ここ数十年の間、先進国と同様に、発展途上国においても高等教育に対する需要がますます高まりをみせている。韓国は今世紀後半において最も急速な発展を遂げた国の一つであるが、その韓国においても高等教育の拡大は目を見張るものがあった。現在、韓国は高等教育進学率が世界で最も高い国の一つとなっている。このように高等教育が大規模な拡大を遂げたことによって、高等教育機関のみならず、それらが運営されている社会的環境、経済的環境、そして政治的環境においても必然的に大きな課題が生じることとなった（Kim and Lee, 2003）。

グローバル化が進展する今日の世界市場において、韓国はより大きな競争力を持つチャンスに遭遇しているが、それと同時に数々の課題にも直面している。周知のごとく、韓国の教育政策は国家の発展に対して決定的な役割を果たしてきた。こうした教育政策については、経済的・政治的発展に寄与するものとして、これまで肯定的にとらえられる傾向にあった。しかし、二一世紀初頭における大きな変化によって、そうした教育政策はもはや時代遅れなものになってしまった。こうした中、グローバル化の進展にともなって新たに生じる課題に対応していくためには、高等教育改革戦略とともに経済発展戦略の変革が必要であるという議論が広くなされている(Kim, E., 2002)。

一九九七年に韓国を襲った経済危機によって、韓国人は、新世紀にふさわしい新たなビジョンと戦略を身につけなければ国家的な危機はいつ再び訪れるともかぎらないということを痛感したのであった。したがって、韓国が、国家再建の地盤を強固にすべく教育改革の主要な方向性と目標を確認する作業に乗り出したのは驚くべきことではない。

韓国の高等教育には、他の国々にとって良くも悪くも教訓や手本となりうるいくつかの興味深い側面が存在している。もちろん、韓国の経験のいくつかは、韓国独自の文化に根ざしたものであると考えられるので、安易に他の文脈に置き換えるべきではないだろう。しかしやはり、韓国の高等教育の経験には、他国の教育制度にとってヒントや参考となりうるものが存在しているということができる(Chung, 2003)。このような認識に基づいて、本章では、現在の韓国の高等教育における議論や課題について分析し、その教育的基盤と特性について幅広い視点を提示することを通じて、韓国の高等教育に対する理解を深めていただくことを目的とする。

本章においては、韓国の高等教育分野の様々な側面について考察する。特に、高等教育改革についてさらに深く議論するためのテーマをいくつか提供したいと思う。そのために、まず教育分野の急激な拡大に注目しつつ韓国の高等教育の歴史について概観し、続いてそのような急激な拡大が起こった原因について論じる。次に韓国の大学における目下の課題について述べ、続く節では韓国の高等教育における主要な改革事項について確認する。そして最後に簡単な結論を述べることとする。

2　高等教育の発展とその歴史的概観

韓国に大学や欧米諸国の四年制カレッジに相当する高等教育機関が登場してから現在に至るまで一〇〇年に満たない。韓国における欧米型の高等教育機関の設立に関しては三つの異なる流れがあった。最初に高等教育機関を設立したのは欧米の宣教師であった。彼らは梨花学堂（一八八六年設立）や崇實学堂（一八九七年設立）といった私立高等教育機関を設立した。第二の流れを導いたのは旧韓国政府であった。旧韓国政府は医学や電信技術、産業、鉱業、農業、語学といった欧米の知識を教えるために専門学校を設立した。第三の流れは、民族主義の先駆者たちによって導かれた。彼らは、欧米の知識を教え、日本や欧米諸国の侵略から国家を救うために学校を設立したが、この流れは韓国が日本の植民地統治から独立するまで続いた。

高等教育の近代システムは米軍政期（一九四五〜一九四八年）において再編されることとなる。韓国が日本の植民地統治から解放された当時、韓国には一九校の高等教育機関があり、学生数は七、八一九名、教員数は一、四九〇名であった。一九四五年九月、韓国が米軍の統治下に入ると、「教育委員会」および「教育審議会」の勧告に従って、高等教育の再編・拡大に向けた一連の重要な措置がとられた。その結果、米軍政末期の一九四八年には、高等教育機関の数は二二一％増加して四二校となり、学生数は三〇七％増加して二四、〇〇〇名となった。

第一共和国（一九四八〜一九六〇年）の初期には、学生数や教員数の増加によって大学は量的発展を遂げることとなる。この時期、個々の高等教育機関の地位に変化があったものの、高等教育機関の数は一定にとどまった。ある資料によれば、朝鮮戦争（一九五〇〜一九五三年）が勃発する直前、総合大学は四校、単科大学は二九校、短期大学は二校、高等教育段階の各種学校は七校存在しており、学生数は二九、二八八名、教員数は二、〇四九名であった。朝鮮戦争が勃発した当初は、高等教育におけるすべての活動が完全に麻痺するという状態に陥った。しかし、戦争初期には後退したものの、高等教育は避難民学校や「戦時連合大学」において継続され、さらには戦時中でさえ力強く拡大していったのである。朝鮮戦争が終結すると、政府の教育政策は若干厳しいものとなり、高等教育機関の設置基準に関する規制が強くなり始めた。一九五五年には大統領令によって「大学設置基準令」が公布されたが、これは高等教育政策が新たな方向に向かう重要な分岐点となった。全体的に政府の努力は完全に成功したとはいえなかったが、その原因の一部は政策の方向性に一貫性がなかったことにあった。

韓国の高等教育は、軍事政権(一九六一～一九六三年)下において一連の根本的な改革を経験することとなる。「大学整備調整計画」の実施によって、それまでの高等教育機関の状況が劇的に変化し、多くの興味深い議論が喚起された。しかしながら、軍事政権の終焉によってこうした改革のほとんどは無に帰してしまった。一九六〇年代、初級大学(二年制)の増設や教育大学および五年制の実業高等専門学校(三年間の後期中等教育課程と二年間の短期高等教育課程からなる)の設立によって韓国の高等教育はさらに多様化していった。また、一般の大学院に加え、行政大学院や教育大学院などの特殊大学院も開設された。

一九七三年から一九七八年の間、高等教育進学者数は年平均一一・八％のペースで着実に増加していった。政府が高等教育進学者数の増加を管理するために用いたのは、主に人的資源開発の概念であった。一九七三年には、私立大学九校、国立大学一校からなる計一〇校の「実験大学」において、卒業単位の削減(一六〇単位から一四〇単位へ)、カリキュラムの改編、副専攻制の導入、入学者選抜方法の変更(学科別募集から系列別募集へ)など一連の改革が実施された。その後一九七九年までに、実験大学は韓国における最有力大学を含む三九校にまで拡大された。

一九七四年初頭には「大学特性化計画」が登場した。この計画は一九七〇年代の大学改革における二つの主要な柱の一つを成すものであり、地理的条件や社会文化的条件、経済的条件、その他関連する条件や特質に応じて、ある種の助成や奨励を提供することで、大学教育プログラムの特性化を促進することを目的としたものであった。この計画は実業教育分野の五一の学科で始まったが、特に工学系に力点が置かれていた。のちにこれらは、電子工学や化学工学などに特化した工科大学のような専門的な単科大学へと発展していった。こうした計画は高等教育における「卓越性」と「効率性」の向上を目指したものであった。

一九七〇年代半ばから、韓国においては、浪人や家庭教師など大学進学に関する問題が社会問題となったが、その原因は、高校の定員と高等教育の定員の不均衡が拡大したことにあった。こうした社会問題を解決すべく、教育部は一九七八年七月二三日、「浪人生の取り扱いに関する総合対策」を発表したが、その内容は次のようなものであった。第一に、一九八〇年まで年一一・五％のペースで入学定員を増加させる。第二に、二年制大学を四年制大学に再編する。第三に、新たな女子高等教育機関の設立、韓国放送通信大学の入学定員の増加、勤労青年のための夜間制学部課程プログラムの策定、もしくは夜間制大学の設立を推進する。第四に、高卒者と大卒者の賃金格差を調整し、就職試験や面接において卒業証書の提示を求めることを禁止する。第五に、大学入試において高校の内申書を重視し、二浪以上は試験の成績を減点する。この政策の結果、一九七八年から学生数が急激に増加することとなった。同一年齢層における大学進学者数は、一九七八年に八・二％だったものが、一九七九年には一九・二％へと急激な伸びを示している。しかしながら、この政策によって激しい大学受験競争を解消するには至らなかった。

第五共和国（一九八一〜一九八七年）と第六共和国（一九八八〜一九九二年）において、高等教育は教育政策上の大きな関心事となった。高等教育がますます重要視されるにつれて、高等教育改革は教育改革の主な対象となっていった。第五共和国は社会問題を解決して民心を掌握するために多くの改革を実施したが、その中の一つに高等教育改革があった。いわゆる「七・三〇教育改革」で示された主要な政策方針は次のようなものであった。第一に、大学の定員を変更する。すなわち、かつてないほど入学定員を拡大し、各大学に三〇％の追加定員を認める。第二に、高等教育機関の制度を変更する。すなわち、教育大学と韓国放送通信大学を二年制から四年制へと昇格させ、いくつかの実業学校を開放大学（社会人や技術系学位取得希望者を対象とした継続教育機関。のちに産業大学へ改称）に昇格させる。第三に、大学入試を改善する。すなわち、各大学が独自に実施する入学試験を廃止し、その代わりに国家試験を実施する。

一九九五年以降、大統領の諮問機関である「教育改革委員会」は精力的に教育改革計画を作成し、教育部に対してそれらの計画を実行させるための管理機構を考案していった[1]。これらの改革プログラムは野心的かつ大胆で、学校運営やカリキュラム、教員研修、職業教育、大学改革、地方教育行政など、韓国の教育における主要なテーマのほとんどすべてを変化させるに十分であった。三年という短い期間では、金泳三大統領はこのように大きな教育改革を成し終えることができなかった。しかし、一九九八年に彼の後を継いだ金大中大統領が、前政権の教育改革計画が理論的に完全であり、現実的にも最善であると信じ、戦略的にこれを引き継ぐことを決めたことは幸運であった。こうして金大中政権の初代教育部長官は、教育改革計画とプログラムを積極的に実行に移していった。

ここ三、四年で起こった変化のうち、教育改革に最も大きなダメージとなったのは、国家財政がIMFの管理下に置かれたため，国家の経済競争力が大きく失われたことであった。金泳三前大統領の政権下で着手された教育改革運動は、一九九八年までに対GNP比五％の文教予算を確保するという計画をついに実現できなかった。教育財政の基盤である教育税の大幅な引き下げによって、一九九八年の文教予算は一九九六年と同じ水準の対GNP比四・三％にとどまったのである(Chung, 2003)。

文教予算の削減により、教育環境の改善という点において、教育改革運動は困難な状況に直面することとなった。一方、不況によって失業率が上昇したことで、成人を対象とした生涯職業教育の重要性が認識されるようになった。実際に、新たな雇用を確保するための成人教育が大学の主な関心事となった。国家的な経済危機によって、韓国人は、二一世紀の知識基盤社会における雇用市場の変化に適応するためには、すべての成人が生涯にわたって職業能力を高めていくことが必要であると認識するようになったのである。こうした認識は、既存の教育制度を真の意味での生涯学習のための教育制度へと変化させる推進力となった。

金大中政権(通称「国民の政府」一九九八〜二〇〇三年)が「民主主義と市場経済の並行発展」という政策目標を掲げたことを契機に、市場経済の原理が教育分野において定着していくこととなった。こうした市場経済の概念によって、教育が市場の下に置かれ、教育サービスにおける需要者(すなわち学習者)の選択の自由が拡大された。それはまた、学校運営における自律性の大幅な拡大をもたらした。

今後、韓国の大学においては、特性化された領域における競争力を向上させるとともに、大学運営における自律性が拡大するだろう。また、教育改革の新たな方向性に沿って、特性化と多様化のための戦略を策定・実行するために、政府はより大きな責任を国際競争力の揺籃である大学に委ねることになるだろう。

3　高等教育制度の現況

韓国の高等教育制度の特徴は次のように要約できる。第一に、全学生の四分の三が私立セクターに在籍している。第二に、こうした私立セクターに対する公的な財政支援はほとんどない。第三に、すべての高等教育機関が教育部の監督下に置かれている。第四に、人口に対する高等教育在学者の比率が先進国の中で最も高い一方で、高等教育機関の諸条件は他の先進国に比べて貧弱である。第五に、教育費用の大部分が学生の負担となっている。特に、国立大学で学生が負担する費用は全教育費用の約五〇%であるのに対し、私立大学では約八〇%が学生の負担となっている。第六に、この五〇年間で高等教育が急激に拡大した。

現在、韓国の高等教育機関には、(1)四年制の大学（医学系列および歯学系列は六年制）、(2)四年制の教育大学、(3)専門大学（二〜三年制の短期高等教育機関）、(4)韓国放送通信大学、(5)産業大学、(6)各種学校の六種類が存在している。

二〇〇三年現在、高等教育機関の数は三五八校あり、その内訳は、学士学位授与権のある四年制大学一六三校、教育大学一一校、専門大学一五八校、韓国放送通信大学一校、産業大学一九校、各種学校四校となっている。これらの高等教育機関の簡単な現況については**表1**の通りである。

他の国々と同様、韓国の高等教育制度は三つのセクターに分かれており、いくつかの種類の教育機関が存在している。韓国の高等教育機関は、設置者により国立、公立、私立に分類される。国公立セクターには韓国放送通信大学を含む国立大学四四校と公立大学二校が含まれており、私立セクターには学校法人によって設立されたすべての私立大学が含まれている。私立は韓国の高等教育の量的拡大におい

表1　高等教育機関の現況（2003年）

	学校数			学生数			教員数		
	計	国公立	私立	計	国公立	私立	計	国公立	私立
大　学	163	26	137	1, 771, 738 (100%)	387, 299 (22%)	1, 384, 439 (78%)	44, 177 (100%)	11, 632 (26%)	32, 545 (74%)
産業大学	19	8	11	187, 040 (100%)	85, 956 (46%)	101, 084 (54%)	2, 543 (100%)	1, 296 (51%)	1, 247 (49%)
教育大学	11	11	0	23, 259 (100%)	23, 259 (100%)	0	721 (100%)	721 (100%)	0
合　計	193	45 (23%)	148 (77%)	1, 982, 037 (100%)	496, 514 (25%)	1, 485, 523 (75%)	47, 441 (100%)	13, 649 (29%)	33, 792 (71%)

注：韓国放送通信大学は除く。また、国公立のカテゴリーは公立大学2校を含む。
国際標準教育分類（ISCED-97）の5A（上級研究プログラムに進学したり、高度な技術を要求される専門職に従事するのに十分な資格・技能を提供することを目的とする、主として理論的に基づいたプログラム）のみ。

出典：MoEHRD & KEDI, 2002, *Statistical Yearbook of Education.*

て中心的な役割を果たしてきた。しかしながら、韓国の高等教育の現況を解釈する際には注意が必要である。たとえば、韓国科学技術院(KAIST: Korea Advanced Institute of Science and Technology)や韓国開発研究院の附設学校は政府(それぞれ科学技術部と財政経済部)の財源によって設立されたが、これらの高等教育機関は私立セクターに分類されている。その理由は、これらの学校が教育部ではなく独立した理事会の管理下に置かれているからである。

韓国の高等教育は一九四五年以来大きな進展を遂げた。特に一九五〇年代以降は、他に並ぶ国のないほど高等教育在学者数がめざましく増加した。また、高等教育進学率も一九七〇年の八・八％から二〇〇二年には八七・〇％へと急速に上昇し、韓国は高等教育進学率が世界で最も高い国の一つとなった。

現在、高等教育機関には三五五万八、一一一名の学生が在学しており、その内訳は、大学一八〇万八、五三九名、大学院二七万二、三三一名、教育大学二万三、五五二名、専門大学九二万五、九六三名、産業大学一九万一、四五五名、韓国放送通信大学三〇万八、二九〇名となっている。以上のことから、高等教育在学者数が一九四五年から実に四五〇倍に増加したことや、高等教育在学者の半数が大学に所属していることがわかる。理工系と非理工系を合わせた高等教育進学者数は、この二〇年間で四倍以上に増加した。一九九〇年以降、非理工系における人的資源の供給(五五・〇％)は理工系(四五・〇％)よりも大きくなっているということであるが、一方で就職率は理工系のほうが非理工系よりも高くなっている。大学に在学する学生のうち四七・三％が自然科学系や工学系に所属しており、二五・二％が社会科学系、人文科学系は一二％となっている。また、専門大学の学生の約五三％が自然科学や工学を専攻しており、これらの学生の四二％が工学を専攻している。二〇〇三年現在、専門大学の卒業者の就職率は七九・七％であり、大学の卒業者は五九・二％、大学院の修了者の場合は八二・八％となっている（**表2**）。なお、女子卒業者の就職率は男子よりも低いことがわかる。

高等教育機関の教員総数は、一九六五年に六、九六六名であったのが、二〇〇二年には五万九、七五〇名へと増加した。教員数は、四〇年足らずのうちに八・五倍以上に増加したのである。一方、学生数については、同じく一九六五年から二〇〇二年までの間に、一四万一、六三六名から三五七万七、四四七名へと二五・二五倍に増加した。教育環境を示すのに適した指標の一つとして、教員あたりの学生数を挙げる

表2　高等教育機関卒業者の就職率の動向

（単位：％）

年	専門大学		大学		大学院	
	全体	女子のみ	全体	女子のみ	全体	女子のみ
1970	83.5	78.4	70.6	50.5	94.1	80.8
1975	41.3	35.6	71.8	57.8	85.1	66.0
1980	79.0	75.0	73.0	55.2	72.8	63.4
1985	57.2	49.9	52.1	49.9	74.7	61.5
1990	71.8	68.2	55.0	39.7	69.5	56.8
1995	74.2	70.9	60.9	50.0	85.3	69.2
2000	79.4	78.2	56.0	53.4	82.3	73.4
2003	79.7	77.7	59.2	56.7	82.8	77.3

出典：*Stastical Yearbook of Education*（各年度版）.

ことができる。**表3**は高等教育機関の種類と設置者別教員あたり学生数を示したものである。二〇〇三年現在、専門大学における教員あたり学生数は七七・三名、教育大学では三一・八名、大学では三九・九名となっている。表3において興味深いのは次の点である。まず第一に、教員あたりの学生数が一九六五年から増加し続けている点である。一九七〇年代初めまで高等教育はエリートのためのものであったが、一九七〇年代半ばから政府は大学を大衆へと開放し始めた。こうして学生数は急激に増加したものの、その一方で学校側が十分な教員を雇用しなかったため、一九八〇年代半ばには高等教育の教育環境はきわめて劣悪なものとなった。一九八〇年代後半になって、韓国政府は他国と競争していくために高等教育の質の改善に注目するようになった。政府は大学に対し、教育機関の認可やプログラムの認可制度を用いて、教員を増やすよう圧力をかけた。このようにして、政府のグ

表3　高等教育機関の種類と設置者別教員あたり学生数

設置者	専門大学			教育大学		大　学		
	全体	国公立	私立	全体	国公立	全体	国公立	私立
1965	26.0	14.8	32.4	19.4	19.4	19.9	13.7	23.4
1970	20.5	18.8	22.0	18.5	18.5	18.8	13.0	21.5
1975	22.9	18.6	25.4	10.8	10.8	20.7	16.4	23.0
1980	30.1	21.8	32.1	16.7	16.7	27.9	25.3	29.2
1985	37.8	23.9	40.2	29.2	29.2	35.8	29.7	38.6
1990	43.8	28.1	46.2	22.9	22.9	31.1	24.5	34.1
1995	54.9	35.7	56.1	25.7	25.7	26.3	23.3	27.5
2000	78.0	50.4	79.9	30.0	30.0	39.7	32.8	42.3
2003	77.3	53.0	78.9	31.8	31.8	39.9	33.0	42.4

※大学院を除く。

ローバル化政策は、高等教育機関における教育環境の改善を導いているのである。第二に興味深い点は、私立の教員あたりの学生数が、国公立のそれに比べて非常に多いことである。ほとんどの私立が、学生からの授業料収入の他に何ら財政源を有しておらず、こうした状況が国公立よりも私立の教育環境を劣悪なものとしている。

4　主要な高等教育政策の方向性と課題

上述したように、韓国の高等教育セクターは非常に巨大であり、世界で最も高等教育進学率が高い国の一つとなっている。これまで韓国の高等教育は急激な拡大を経験してきたが、それと同時に、正しく機能する高等教育制度を構築するために解決すべき課題を数多く抱えている。将来的な高等教育政策の方向性は次の通りであると考えられる。

・大学教育の多様化と特性化を通じて、高等教育の「卓越性」を高める。
・自律性と説明責任を強化することによって大学の質を改善する。
・大学管理運営の刷新と再編を通じて高等教育の効率性を高める。
・研究と学習に適した大学の雰囲気を形成する手助けを行う。
・生涯学習社会に対応すべく大学教育の範囲を拡大する。

・大学教育のグローバル化を推し進める。

Chung（2003）によれば、教育部が大学の設置認可において準則主義的政策を採用したことにより、韓国の高等教育は特に一九九〇年代半ば以降急激に拡大した。すなわち、教育部は、高卒者の数と大学の収容能力が二〇〇四年頃にほぼ等しくなるよう人口統計学的に予測することにより、高等教育に「自由参加」「競争」「選択」という一種の市場競争の原理を導入したのである。これにより、特に地方において大学の設立ラッシュや規模の拡大が生じた。こうした大学の急激な拡大によってもたらされた結果は数多くかつ複雑である。

いわゆるデパート方式の大学管理運営が普及したことで、通常は一般の大学と実業系大学のプログラムや研究分野は似通ったものとなっている。しかし、一八歳人口の減少によって、特に地方（農村地域）にある大学では新入生の募集が困難になってきている。教育部は、学生が魅力を感じるほどユニークであるか就職に役立つように授業やプログラムを個性化・特性化することのみが、大学が生き残るための唯一の手段であると強調している。しかし、学者や芸術家は、高等教育におけるこのような「就職第一主義」の風潮に対し、学問における芸術や人文科学の領域を侵食するものであると厳しく批判している。また彼らは、教養科目が消滅すれば、人々の想像力に富んだ精神や創造性が減退するため、結局は経済的にも有害であると主張している。

高等教育の拡大は、労働力の需要と供給の関係にも深刻な問題をもたらした。大学がまるで掃除機のように高卒者を吸い上げたことで、実業系高校から供給されていた半熟練労働力が急速に減少したのである。結果として、韓国人がいなくなった職場を満たすために大量の外国人労働者が受け入れられることとなった。さらに、韓国経済における産業構造の高度化に従って、実業系高校はその存在理由を失う危機に立たされている。しかしながら、高等教育の拡大を抑制するために、教育部が再び以前のような官僚主義的な統制を復活させることは望ましくないだろう。そうではなく、社会と産業の要請に則して高等教育の質を改善することを強調すべきであると考えられる。そこで以下では、近い将来において政策立案者が真剣に考慮すべき主要な課題について述べていくこととする(Kim and Lee, 2002)。

(1)　教育能力と研究能力の向上

韓国の大学における教育の質と研究の生産性が世界トップレベルの大学よりも劣っていることは、これまでも繰り返し指摘されてきた。韓国の高等教育は私立セクターに大きく依存しているにもかかわらず、多くの私立大学が財政的困難に苦しんでいる状況である。それらの私立大学のほとんどが十分な額の私的な寄付金を受けておらず、多額の基金を積み立てているわけでもない。こうした財源の欠乏は私立大学において大きな問題とされてきた。国公立大学は授業料や人事について政府の規制を受ける代わりに、運営予算の大部分を政府から割り当てられる予算に頼っている。さらに、一般的に国公立大学は同種の私立大学よりも授業料が安いので、よい学生を惹きつけるために教育の質を改善する必要がない。

ところで、浦項工科大学（Pohang University of Technology）やＫＡＩＳＴの成功は、世界トップレベルの研究大学になることを求められている大学に対して、次の二つの点において重要な示唆を与えてくれる。第一に、能力の高い教員を惹きつけたり、彼らに優れた研究環境を提供するためには、大学がどれだけの財源を準備できるかということが非常に重要であるという点である。第二に、大学を目標に向かって動かすためには、管理システムの任務や柔軟性もまた、きわめて重要であるという点である。多くの大学は長年の間、より質の高い学生を惹きつけるために奨学金制度を利用してきた。こうした競争的な奨学金は学生の選好を変えるかもしれないし、その結果として入学してくる学生の質を上げることができるかもしれないが、大学の教育環境や研究環境を改善することにはつながらないと考えられる。実際、奨学金に財源を使えば、そのぶん教育環境や研究環境を改善するための財源が減少することになるだろう。

(2)　高等教育市場における特性化

韓国の高等教育市場をいかに構築するかということに関する知的な議論がさしせまって求められている。まず第一の課題は、二年制の専門大学の役割をどうするかについてである。一部の専門大学、特にソウルに所在するものは、需要のある職種のための技術職人材を訓練するという最適な市場を見つけ出した。しかし、専門大学のほとんどは私立であり、その多くは四年制大学への入学に一度失敗し再チャレンジを目指す者の最後の拠り所となっている。結局、一部の学生は四年制大学へ編入することによって大学ヒエラルキーの階段を上っていくことになるのである。

専門大学が持っているこのような二つの別個の役割は必ずしも矛盾するものではない。しかしながら、この先も高等教育市場が拡大し続けるという楽観的な見方はじきに崩れることになるだろう。なぜならば、近い将来一八歳人口は大幅に減少するだろうし、加えて、大卒者の供給が増大するに従って高等教育進学によって得ることのできるメリットが少なくなったためである。今後、ソウルから離れていたり適切な専門技術プログラムや職業プログラムを持たない専門大学は、深刻な定員割れや財政危機に直面することになるだろう。それゆえ、専門大学がその教育的資源をいかに最大限活用するかという課題は、近い将来避けて通れないものとなると考えられる。

高等教育市場における特性化の第二の課題は、大学の教育機能と研究機能をいかに分担し、補うかというものである。長年の間、韓国の大学では教育がより重要な機能とされてきた。韓国の大学では、学生への指導や管理運営、利潤をもたらす外部へのコンサルティングが重視されている一方で、研究は給与の面においても学術的評価においても十分に報われていない。現在、研究のためのインフラやインセンティブ・システムが欠けており、世界トップレベルの研究大学と比べて資源も貧困な状況であるため、これらの大学やその教員に一夜にして研究大学へと変化するように求めるのは不適切である。特にすべての大学を研究大学にしようとしたり、すべての教員を生産的な研究者にしようとすることは、まったく無謀な行為といえるだろう。また、学部課程の教育機能の向上と研究機能の向上は両立しない場合もある。なぜなら、前者には教室などで学生とともに過ごすことをいとわない教育熱心な教員が必要であるが、その一方で、教員が研究責任を果たすためには、独りで過ごしたりわずかな同僚や助手と過ごすことが求められるからである。大規模で威信の高い大学は、多様な教育スタッフや研究スタッフが二つの相容れない要求をうまく受け入れることができるようなインセンティブ・システムを考え出す必要がある。そうでなければ、大学の研究能力を向上させる努力は望まざる対立を招くことになるかもしれない。

(3)　教育機会の地域バランス

韓国では、ソウルに経済活動が集中していることが長年問題となってきた。第三共和国（一九六三年）以降の各政権では、様々な部門で地方分権化政策について言及してきた。しかし実際には、権力や資源、意思決定機能が常にソウルに集中してきたため、地方分権化政策は単なるリップサービスに過ぎなくなってしまった。様々な公共投資（国土開発、道路整備、地下鉄建設、水道整備など）がソウルに一極集中してきたが、一九八〇年代、こうした公共投資はソウル周辺の京畿道まで広がった。

政府は高等教育機関を厳しく統制し続けてきた。一九九五年の規制緩和後でさえも、ソウルのような大都市圏の私立大学が入学定員を増やしたい時には、政府から認可を受けることが求められた。この政策の隠れた目的は、ソウルへの学生の流入を制限することにあった。この政策の結果、大学がこの地域にあるという理由によってソウルや京畿道は高級な地域となり、また近年、ソウルのような大都市の家庭の多くが、子弟を地方都市の大学へと送らなければならなくなった。

このように、地域均衡発展のための統制措置として入学定員の割当てを用いたとしても、それはまったく機能しないだろう。学生をソウルの大学に行かないようにしたからといって、彼らが地方都市に定住することにはならないからである。したがって、現在のソウル所在の大学に対する差別的な扱いは、何ら明白な社会的利益を生産することがないまま、ソウル地域の過剰な高等教育需要に対する不当な市場規制につながるのみであるといえる。しかしながら、ソウルとその周辺地域に主要な大学のすべてが集中していることは大きな問題である。その理由は、このことによってソウルが巨大になるからではなく、それが教育機会と社会サービスの地域間格差をもたらすからである。

(4)　統廃合・民営化戦略

上述したように、高等教育への進学者は近い将来大幅に減少すると予想される。したがって、市場で自発的に生じる可能性のある統廃合の方法について考察することは意義のあることであろう。原則的に、国公立大学は現行法に基づき政府の意思により統廃合することが可能である。しかし、こうした行為は大学の学生や教員にとって、政治的にきわめて不評であろう。したがって、大きな危機が起こる前に、各大学レベルにおける財政の自律性を拡大することで、より分権化された管理システムを構築し、意思決定の中枢が市場の変化により柔軟に対応できるようにすることが望ましいと考えられる。

存続が困難ないくつかの私立大学は、それが合併先に利益をもたらすならば、より財政状況のよい他の大学と合併することも可能である。しかし中にはふさわしい合併先を見つけられない私立大学も出てくるだろう。また、創設者や理事長など有力なステークホルダーが、大学に対する影響力を失うことを嫌って統廃合に抵抗するかもしれない。上述したように、韓国の多くの私立大学は事実上営利機関であるにもかかわらず、政府は営利目的の高等教育機関を認めてこなかった。実際には大学が莫大な負債を抱えていてさえ、創設者が理事会をコントロールしているかぎり、大学を運営することによって彼らが個人的な利益を手に入れることは可能である。こうしたモラル・ハザードは完全になくなりはしないが、営利機関化を認めることで軽減される可能性はある。韓国にはすでに、美容、料理、自動車修理など数多くの営利目的の実業学校、いわゆる「学院」が存在しているが、それらは一部の専門大学と実に似ている。一部の私立大学に営利機関化を認めることで、政府は有力なステークホルダーによる統廃合拒否の問題を解決できるかもしれない。同様に、有力な創設者やその肉親が大学相当額の財産を寄付すれば、より大きなステークホルダーに対して買収を提案することは不可能ではないだろう。仮に創設者の影響を取り除くことが効率的で透明性のある理事会をつくることにつながるならば、大学の長期的展望は買収によって改善することができるのである。

5　主要な高等教育改革

Altbach (2000) はアジアにおける高等教育改革のいくつかの問題について述べているが、すでに多くのアジアの国々が注目すべき初期の成果をあげている。たとえば、韓国の「頭脳韓国21」(ＢＫ21) 計画は、大学の学術的な競争力を強化するために立案された。ソウル大学がＢＫ21計画に参加してから一年半が経過した二〇〇〇年、同大学はＳＣＩジャーナルに掲載された論文数において世界第五五位(二、二〇二本)にランクインした。ＢＫ21が始まる以前のランキングが世界九四位(一、六七一本)であったことを考えれば (Kim, K., 2002)、これは驚くべき成果であるといえる。

人的資源開発と教育改革における新たなビジョンが登場したことによって、韓国政府は国家の教育制度に対してより大きな責任を負うこととなった。政府によってその戦略的重要性が認められた任務は、初等・中等教育における創造性の促進、教育福祉の実現、高等教育の競争力強化、産業界の要請に応じた職業教育の実施、生涯学習社会の基盤構築、教育による情報化やグローバル化の促進、教育革新を促進する教育行財政システムの構築などである。高等教育の競争力強化については、市場原理の導入、資源等の選択的集中、多様性と特性化、各高等教育機関の自律性の拡大と説明責任の強化、研究（大学院教育）機能の改善、効率性の向上などが考えられてきた。

●大学教育の改善
—一教員あたりの学生数を減少させる。
—二〇一〇年までに高等教育費を対GDP比一・四％から一・七％へ増やす。

●大学院教育の強化と機能特性化
—効率的にBK21計画を監視し、フォローアップ措置を準備する。
—役割や機能によって大学院を一般大学院、専門大学院、特殊大学院に分類する。

●地域の産業と直結した優秀な大学を発展させる
—大学や研究機関、ベンチャー企業、IT企業、その他多種多様な団体の相互連携によって一つの複合体を形成し、知識のネットワークを構築する。

●学術研究の支援・評価システムの改善
●学者集団を保護するために、教養や自然科学などの基礎学問分野を発展させる。
●大学の自律性を拡大し、説明責任を強化する。

高等教育の環境は、高等教育のユニバーサル化と、二一世紀の情報化・グローバル化時代の出現によって大きく変化した。高等教育機関がグローバル競争を生き残るために、韓国政府は高等教育改革を提案し、いくつかの改革案が示されてきた。具体的には、「学部制」の導入（一九九五年）、「単位銀行制」の導入（一九九七年）、BK21計画の実施（一九九九～二〇〇五年）、教育部の教育人的資源部への再編（二〇〇一年）などが挙げられる。

(1)「学部制」の導入[2]（一九九五年）

●目的

―学部・学科のメンバーの間に競争と協力を導入し、大学教育の質を改善する。

―専攻分野についての学生の選択の幅を拡大する。

●実施方法

―二つあるいはそれ以上の学科を、より大きな専攻分野である「学部」に統合する。

―「学部」においては様々な専攻を提供する。

―学生の希望やGPAの成績によって専攻分野を一年生の時点で決めることができる。

●長所

―学生の選択の幅が広がる。

―教育と研究の改善。

●短所
—学科の行き過ぎた統合。
—人文科学や基礎科学分野が敬遠される。

(2)「単位銀行制」の導入(一九九七年)

●「単位銀行制」は、学校内だけでなく学校外で得た多様な学習経験を認める、開かれた教育制度である。
●この制度は、すべての国民が多様な教育機会により多くアクセスできるようにし、生涯学習社会を育むことを目的としている。
●この制度は、認可を受けたすべての教育機関における取得単位を認定することで、当該教育機関の学生が、大学や専門大学の学生と同等の学位を取得することができるようにする。したがって、「単位銀行制」実施の認可を受けた教育機関やその施設・設備、教員、カリキュラムの質の厳格な評価とコントロールが重要になる。
●教育人的資源部は、専攻科目のみならず一般科目の必要単位を履修した者にのみ学位を授与するよう保証しなければならない。認可を受けた教育機関は、プログラム運営について、半年に一度政府の審査を課せられることになる。

●この制度によって社会にもたらされる利益を要約すると以下の通りである。
—自己の開発を追求する機会を、通常の学校教育に参加できなかった者に提供する。

—激しい大学受験競争を軽減・緩和する。

—多様な教育機関同士の協力関係の促進に貢献する。

—個人の能力や資格がより重要となる生涯学習社会の実現に寄与する。

(3)　BK21計画（一九九九～二〇〇五年）

●BK21計画は、二一世紀に向けた人的資源を準備するための、政府主導による国家レベルの高等教育改革計画である。この計画は、あらゆる大学教育システムを新時代に即したものに再編するために実施される高等教育機関への資金投入と連動している。
●計画案に示された主な目標は以下の通りである。
—独創的な知識と科学技術を生産するインフラとしての機能を持つ世界レベルの研究大学を育成する。また、地方大学の特性化を促進する。

—様々な分野の専門家を養成するための専門大学院を設立する。

—学生の質や学問的成果の質に基づく大学間の競争を促進するために、高等教育制度を変革する。
●BK21は一九九九年にスタートした大規模な国家計画であり、七年間で一二億ドルもの資金が投入される予定である。その主な内容は以下の通りである。
―多くの資金を先端応用科学分野に投入する。
―資金投入を受けるためには大学改革が必須条件となる。
―選抜と集中の原則に則る。
―投入された資金の五〇％以上を大学院生に配分する。
―産学連携を強化する。

●いくつかの批判はあるものの（Lee, E., 2000）、ＢＫ21計画は少なくとも以下の三点において成果を上げている。
―大学の環境の変化と大学院における研究活動の向上
―計画目標の達成
―大学制度改革の進展

●ＢＫ21計画は、学術研究分野、特化分野、地方大学育成分野において著しい進展をみた。もしＢＫ21計画がその目標と計画に一致するように継続実施されるならば、大学レベルにおける学問的革新は効果的に促進されるだろう。

●世界レベルの大学の建設は韓国における長年の念願であった。ＢＫ21計画は、二一世紀の知識基盤社会に応じる質が高く創造的な人的資源を育成するために大学を革新するという国家的努力である。当初からこの計画は、様々な社会分野のみならず高等教育機関からも非常に注目されていた。この計画は、大学の知的環境を醸成し、注目に値する学問的成果を生み出している。もしBK21計画を大学革新の原動力とするならば、今後も韓国の高等教育改革は順調に進展していくだろう。

(4)　教育部の教育人的資源部への改編(二〇〇一年)

●韓国では長らく、人的資源開発政策をより系統的かつ効果的に立案し実行するために、省庁の再編が必要であると考えられてきた。教育部の教育人的資源部への再編によって、いくつかの機能的かつ構造的な変化が生じた。特に、教育人的資源部の責任の範囲と焦点は拡大し、学齢期の子どもだけでなくすべての国民にまで及ぶようになった。

●韓国政府は、人的資源開発と知識において世界のトップ一〇に入るという意欲的な目標を設定し、この目標を達成するために四つの主要な政策領域を明らかにした。第一に、すべての韓国人を対象として主要な労働の能力を開発する。第二に、さらなる発展の新たな原動力となる知識と人的資源を生産する。第三に、人的資源の利用と管理の水準を高める。第四に、人的資源開発のためのインフラを建設する。これら四つの政策領域の下、一六の関連した課題が示されている。

●教育人的資源部長官が副首相兼任となったことによって、国家の人的資源開発政策における効果的かつ効率的な計画、統合、調整が可能となった。また、「国家人的資源開発基本計画」（二〇〇一年一二月）が発表され、「人的資源開発基本法」（二〇〇二年八月）が制定された。

6　結　語

欧米の教育制度を導入したのち、韓国は教育開発の継続的なプロセスを経験し、数々の断続的な改革を試みてきた。韓国の教育改革は、整合性のある一貫した方法で、教育の各領域における改善を目指して努力し続けるだろう。それには、教育改革の目標を常に新たに設定し続け、変化する基準に照らし合わせて内容を更新していくことが必要である。

二一世紀の高等教育機関が、単に外部の変化に対応するのではなく、自ら外部の変化をリードするというより重い責任を負うことになるのは確かである。したがって、国家政策の領域において高等教育と人的資源開発に課された最優先事項を明確に提示し、それを実施していくことが重要である。

韓国は、高等教育と人的資源開発こそが将来の国家発展を導く二つの柱の一つであると明らかにしたが、政府によって始められた重要な第一歩に対して評価を下すにはまだ時期尚早であろう。それでもやはり、高等教育の総合的戦略計画を開発・実施することによって、韓国が世界的な競争力を手に入れようとしているのは確かである。そして、効果的かつ効率的な計画実施のために、政府が注意を払うべき課題は山積しているといえる。

盧武鉉政権（通称「参与政府」二〇〇三〜二〇〇八年）が新たに出発して以降、高等教育制度に注目が集まっている。教養があり創造的で、最先端の知識と情報を身につけている大卒者がいなければ、韓国の継続的な発展と国際競争力は危機に瀕することになる。それゆえ、高等教育制度改革は、一般社会からだけでなく政府からも最も注目されたのである。政府による様々な改革の中で、高等教育においては次の二つがきわめて重要であることが明らかになった。それは、二〇〇六年からのポストＢＫ21計画における研究大学育成の促進と、二〇〇四年からの「地域革新システム」（RIS：Regional Innovation System）における地方大学育成の促進である。高等教育は国家全体の最も重要な関心事であるので、より大規模で密接なネットワークと協力機構が必要であろう。中央政府だけではすべての課題を達成することは不可能であるから、こうしたネットワークは、地方自治体や大学、商業、産業、その他の公的・私的な組織を巻き込むものでなければならないと考えられる。

注

1　一九九五年に金泳三大統領が教育改革についての諮問委員会を組織するまでは、教育改革案は概して教育部から無視された場合が少なくなかった。その後、教育部は教育改革に対して多くの注意を払うようになったものの、実際にはそれらの改革を実行するための重要な事柄に関してはほとんど何もしなかった。このような教育部の婉曲な怠慢行為にはいくつかの理由があった。まず、教育改革委員会は大統領府直属の機関であるが、改革計画実行についての権限を持たない諮問機関であった点である。また、主として学者によってつくられたため、多くの場合、改革計画は韓国の教育の複雑な現実に適用するにはあまりにも理想主義的なものであった点である。さらに、教育問題は単に教育だけの問題だけではなく、むしろ、それは社会経済的で政治的な問題となっていた点が挙げられる。それゆえ、それらの問題の核心は事実上教育部の手の及ばないところにあったのである(Chung, 2003)。

2　韓国では一般に、日本の総合大学にあたるものを「大学校」、単科大学や総合大学の学部を「大学」、各学科を「学科」と呼称している。つまり、ここでいう「学部」は韓国の「大学」と「学科」の中間に位置するもので、日本の学部と学科の中間に位置するものである。なお本文中では、韓国の「学部」をカギ括弧付きとして日本の学部と区別した(訳者注)。

(訳：石川　裕之)

引用・参考文献

Adams, Donald and Gottlieb, Ester, 1993, *Education and Social Changes in Korea,* Garland Publishing Company: New York, NY.

Altbach, P., 2000, *Asia's Academic Aspirations: Some Problems,* International Higher Education.

Chung, Bong Gun, 2003, "Current Status of Education from Korean Perspectives: Korean Educational Development and Its Reforms," in 2003 Asia-Europe High Level Education Forum: Search for the Future Direction (Seoul: KEDI).

Education Reform Committee, 1996, *The Education Reform Proposals for a New Vocational Education System* (in Korean).

Han, Y.K. & Jyung , C.Y., 2002, *Analysis of Human Resources Supply Structure in S & T,* Seoul, KEDI. (in Korean).

Korean Council for University Education, 2000, *Index for the Development of Universities 2000* (in Korean).

KEDI, 1996, *The Educational Policy of Korea: A Background Report for OECD* (in Korean), CR 96-40.

____, 1996, *Educational Policy in Korea: The Background Report for the OECD Policy Review,* Seoul, KEDI.

____, 2001, *Solutions for Private Expenditure for Education* (in Korean), CR 2001-15.

____, 2001, *Illumination of the Problems of Private Tutoring* (in Korean), RM 2001-22.

____, 2001, *A Study on the Effect of the Prior Learning by Private Tutoring* (in Korean).

Kim, E.K., 2002, "Education Reform in Korea Facing Globalization," paper presented at The 4th International Symposium-University of Paris-Sorbonne and Seoul National University, ʻHigher Education in the Era of Globalization, School of International and Area Studies, SNU. October 14, Seoul, Korea.

Kim, K.S., 2002, "Can Korea Build A World-Class University?: On the Practicality of Korea' s Ambitious Aspirations," paper presented at The 4th International Symposium-University of Paris-Sorbonne and Seoul National University, Higher Education in the Era of Globalization, School of International and Area Studies, SNU.October 14, Seoul, Korea.

Kim, S.W. and Lee, J.H., 2002, "Changing Facets of Korean Higher Education: Market Competition and the Role of the State," paper prepared for the presentation at the workshop, "Upgrading Korean Education in the Age of Knowledge Economy: Context and Issues" sponsored by KDI & the World Bank, October 14-15, Seoul, Korea.

Korean Society for Educational Finance and Economics Study, 1997, *Private Tutoring and Private Expenditure for Education* (in Korean).

Lee, Chongjae, 2000, "Emerging Patterns of Relations between Government and University: Riding a Horse with Carrots and Whip," paper presented at the international workshop on University and Government -Changing Patterns of Relation in Tokyo.

Lee, E.J., 2000, *Brain Korea 21: A Development-oriented National Policy in Korean Higher Education,* International Higher Education.

The Ministry of Education, 2000a, *Education in Korea* (in Korean).

____, 2000b, *Handbook for Brain Korea 21 Project* (in Korean).

____, 1999, *The Five Year Educational Development Plan* (in Korean).

____, 1998, *The Achievements of Educational Reform* (in Korean).

____, 2000a, *The HRD Policies* (in Korean).

____, 2000b, *Papers for a Workshop on HRD Policies* (in Korean).

____, 2001, *The Master Plan for HRD at National Sphere* (in Korean).

OECD, 2000, *Education at a Glance: OECD Indicators,* Paris, OECD.

____, 2000a, *Cities and Regions in the New Learning Economy,* Paris: OECD.

____, 2000b, *The Well-being of Nations: The Role of Human and Social Capital,* Paris: OECD.

Oh My News, Oct. 23, 2001 (http://www.ohmynews.co.kr), "We don't want corporate universities and cram schools." (in Korean)

Panel on Educational Excellence, 2001, *Elevating Seoul National University to a World-Class Research University.* (in Korean)

Park, Se Il, 1995, *Turning for the Education in Global Era: From Regulation to Deregulation* (in Korean), Seoul, Gilbut

Publishing.

Presidential Commission on Education Reform, 1996, *Education Reform for New Education System,* Seoul.

Seoul National University, 2000, *The Survey on the Freshmen of the Year 2000* (in Korean)

Sorensen, Clark, 1994, "Success and Education in South Korea," *Comparative Education Review,* vol.38.

World Bank, 2001, *Korea and Knowledge-based Economy: Making the Transition,* Washington D.C., The World Bank.

3 タイにおける高等教育改革
――質の向上と大学の自律的運営をめざして――

ワライポーン・サンナパボウォン

1 はじめに

国の知的財産の総量が、その国の人々の知的能力によって決定されるのはいうまでもない。知的能力とは、人々の創造性や学習能力であり、高い質を持つ人材としての第一の要件である。教育とは、こうした能力を育み、発展させる重要な装置であるといえる。

国民の知的能力を育てるために、タイでは総合的な教育改革を推し進める政策を採ってきた。その目的は、国民が彼らの創造性を最大限に発揮し、その潜在的能力を十全に発揮できるよう、国の教育システムを再構築することにある。

こうした動きのなか、一九九九年に国家教育法が制定され、教育改革がさらに推進された。以後、タイでは、一二年間の基礎教育段階から、様々な教育の領域に関して、根本的かつ革新的な変化が起こっている。同法によれば、教育改革の根幹は「学習改革」にあるという。教育とは、すべての学習者が自ら学び、自らを発展させることができるという原則に基礎をおくべきであり、教授・学習過程は、学習者が自らのペースで、自らの力を最大限に発揮できるようにデザインされねばならない。こうした学習改革の原則は、初等・中等教育段階である一二年間の基礎教育だけではなく、高等教育においても同様に適用されるものである。

2　国家的アジェンダとしての高等教育改革

高等教育はタイで最もレベルの高い段階の教育である。高等教育はまた、様々な領域の「知」のセンターであり、研究者のセンターでもある。そのため、高等教育機関は、国家の将来のリーダーの養成、経済発展を加速させる高度な技術の開発、社会に対する学術サービスの提供、国の芸術と文化の維持、といった点で先導的な役割を果たすことが求められている。さらに、国家の開発の正しい方向性を指し示すこと、危機に警告を発し、社会が抱える問題を解決することに対しても期待が寄せられている。

タイにおける高等教育の歴史は、約一〇〇年前の近代化の時代にさかのぼる。当事のタイ（訳注：サヤーム）は、西洋列強によって引き起こされた大きな変化に対応し、国の主権を守るために、劇的な改革を行わねばならなかった。高等教育の主要な目的は、近代化を推し進めるため、若く有能な人材の知的能力を育て、行政サービスに必要な近代的知識を身に付けさせることにあった。そのため、タイは高等教育の理念と制度を西洋諸国から取り入れて大学を整備した。このように西洋の影響を強く受けながらも、タイ最初の大学であるチュラロンコン大学を設立したワチラウット国王は、青年たちが近代的知識だけではなく、タイ人としての意識を身に付けるべきとの意図をはっきりと持っていた。彼のイニシアティブによって、大学の建物や大学でのアカデミックなガウンにタイ様式が採用されている。また西洋諸国から採用した科目に並んで、タイの芸術、文学、言語、歴史、仏教についての科目も取り入れられた。

タイはまた一九世紀以降、多くの青年を海外、とりわけヨーロッパとアメリカに留学させてきた。これらの知識人はタイに戻り、国の発展に大きく貢献した。彼らの多くは、国際的な水準に見合う学術上の卓越性を追求し、高等教育におけるキーパーソンあるいは理想のモデルとして、重要な役割を果たした。

しかしながら、現在、タイの高等教育は危機的な状況に陥っている。こうした状況は、二一世紀に引き起こされた急速かつ劇的な変化に対応するため、高等教育の改革に取り組んでいる他の諸国と同様であろう。急速な社会変化のなか、タイでは単に国家としての生き残りのためだけではなく、今後予想されるより意義ある役割や責任を果たすための準備として、包括的な改革が求められるようになってきたのである。

とりわけ一九九七年の経済危機は、タイに危機的状況の原因を痛感させた。国民の教育レベルが十分に高くないこと、道徳や社会的価値の崩壊によって利己主義や腐敗が広がっていることなどが問題点として指摘され、望ましい市民を養成するという教育の役割について数々の疑問が呈された。こうしたなかで、教育のすべての段階において、学習者の知識と道徳性の醸成に重点をおく新しい教育デザインが求められるようになっていった。高等教育もその例外ではない。またアジア開発銀行（Asian Development Bank）の強い指導のもと、内閣はすべての公立大学を自治大学にするよう閣議決定を行った。また、高等教育機関の役割、説明責任、透明性を確実なものとするために、高等教育段階における教育の質を保証するためのシステムを構築することが不可欠の課題として認識されるようになった。このようにタイでは特に一九九七年以降、教育改革、高等教育改革の機運が高まっていったのである。

3　現状と課題

(1)　高等教育へのアクセス

タイでは一八―二一歳人口における高等教育就学学生の割合は二七・四％（二〇〇二年）であった。これは他のアジア諸国と比べて低い数字である。学位レベル以下の機関への就学率は四三・六％、学位レベルの機関への就学率は三九・五％であった。多くの高等教育機関は、バンコクを中心とする首都圏に集中しており、その割合は四四％に上っている。その結果、バンコク首都圏の学生には、他の地域の学生より、高等教育へのアクセスの機会が二倍あることになっている。これに加えて、高等教育機関に在籍する学生の七〇%が高い所得を持つ階層の出身であることも明らかとなった。

(2)　教育・学習の質

高等教育機関の教育・学習の質を検討すると、暗記型学習があまりに重視されてきたことがわかる。このため、学生は自ら学ぶ力、批判的思考、問題解決、創造的能力といった能力を十分に育てることができずにおり、実社会の状況、労働界の需要、国の開発政策にも合致していない。スイスのＩＭＤ（国際経営開発研究所、International Institute for Management Development）の年次報告によれば、タイの国際的な競争力は年々低下しているという。全体的な競争力は、一九九七年には二九位であったが、以後一九九八年三九位、一九九九年三四位、二〇〇〇年三三位と低迷している。とりわけ、科学技術の分野での低下が著しい。いうまでもなく、高等教育は、こうした国家的な競争力の低下に責任を持っているといえる。

長い間、暗記を重視してきた大学の入試試験は、暗記型学習、学生の思考能力やパフォーマンスの低さの主要な要因とみなされた。チュラロンコン大学は、いくつかの学科では、合格した学生の三〇～四〇%が、第一希望の学科ではなかったという理由で入学を辞退している調査結果を公表している。

(3) 政策の統一性

従来、タイの高等教育機関は、様々な省庁によって管轄されてきた。二〇〇〇年の段階で、タイには六四五の高等教育機関がある。このうち七四が大学省の管轄、四八九が文部省の管轄、八二が他の省庁の管轄下にあった。このため高等教育機関によって政策が異なり、機関ごとに基準の差異が生じていた。卒業生の専攻分野と市場の要請とのミスマッチも大きな問題である。これは統一された国家目標がなく、人材の開発が国家のニーズと合致していないことを示している。

(4) 高等教育への投資

高等教育機関への財源の配分とその活用は、イノベーションを推し進め学術的な卓越性を追求するためには十分ではなかった。全教育予算に占める高等教育予算は年々減少してきており、一九九〇年代初頭の一七・四%から、一九九〇年代後半の一六・四%、二〇〇二年には一四・四%と減少している。特にタイでは、研究に割り当てられる予算が他の諸国と比べて低い。さらに、大学省管轄下の大学には、他の省庁管轄の大学より多くの予算が振り分けられるなど、各高等教育機関への予算配分も不公平であった。そのため、高所得層出身の学生が、経済的に不利な立場にある学生より安い学費を払っているという事態も生じた。

(5) 教員の質および資質の向上

他国と比べて、タイの高等教育機関はわずかな研究開発イノベーションしか生み出してこなかった。これは教員による質の高い研究を奨励するインセンティブとシステムが欠けていたことを示している。多くの教員は、継続的に能力を高める機会に恵まれていなかった。

現在、博士号を持つ教員の割合は二八％に過ぎない。二〇〇一年には、正教授としての職にふさわしい質の高い研究を行った者はわずか二二四人であり、高等教育機関の全教員の〇・九％であった。

(6) 経営の効率化

現在の官僚的な行政システムのもとにある多くの公立大学は、その役割が行政サービスにあるとされているため、経営の柔軟性に欠けることが認識されるようになってきている。そのため、公立大学は、急速な変化に対応できずにいる。私立の高等教育機関に比べて、公立の高等教育機関では、資源の有効な活用ができていないことは明らかである。これは、様々な事業の間の調整ができていなかったり、業務が重複していたりすることによる。こうした制限によって、高等教育機関は、最も優秀で才能ある教授陣をそろえることができていない。このため、公立の高等教育機関では、学術上の卓越性を達成することが困難になっているのである。

しかも、公立の高等教育機関における教育・研究の成果が、国の開発政策や開発計画にとって妥当

5　一九九九年国家教育法に基づく高等教育改革のガイドラインとその実施状況

同法に基づく高等教育改革のガイドラインは大きく二つの領域に分類することができる。一つは学習者の質の向上をめざす「学習改革」、もう一つは効率的な管理運営のための「構造改革」である。

前述の一九九九年国家教育法は、教育機関および教育に関わる組織が、学習者それぞれの違いを踏まえて、学習者の興味・関心、適性に応じた内容と活動方法を提供することが必要であるとした。タイの教育改革の最終的な目標は、未来のタイ国民を能力、徳、幸福を兼ね備えた人間にすることであった。

こうした教育サービスの提供は、基礎教育のみに適用される原則として誤解されるかもしれない。しかしながら、高等教育機関も学習改革の原則から資するところが大きい。なぜなら、学習改革は、教員と学生が共に学ぶ学習活動のファシリテーターとなることを教授陣に奨励するものであるからである。また研究は、問いと真実を求める生産的な態度を育て、強い知識欲を作り出す手段となることから、すべての学習者にとっての学びのプロセスとして認識されるようになった。さらに大学生は、学習の範囲を教室から実社会に広げ、プラクティカルな活動ができる場で鍛えられなければならない。

同様に重要な点として、一九九九年国家教育法によって新しい評価方法が求められている。すなわち暗記した量だけではなく、学生のあらゆる側面が評価され、また高等教育機関への入学にあたっては、これまでのすべての実績が評価の対象とされなければならないだろう。

学習改革に関連して、生涯学習の推進も重要な課題である。生涯学習は、フォーマル教育、ノンフォーマル教育、インフォーマル教育といった教育の様々な形態を統合した枠組みを提供するものである。法律はこれら三つの教育の形態がそれぞれ互換可能であると規定している。それを実現するためには、適切な互換のためのメカニズム、例えば単位制度、生涯学習の原理を実質化するための同等性認定のメカニズムが必要である。

新しい教育法で重要なもう一つの点は、教育システムのなかに「タイの知恵（Thai Wisdom）」を再活性化することであった。つまり、これまでの国家開発はタイ的な生活スタイルやタイ文化を十分考慮せずになされてきたという教訓である。タイでは西洋諸国の例にならって公教育の普及を進めてきたが、結果として、現在のタイは多くの危機的な課題に直面している。国家教育法は、タイの教育制度の重要な核となる軸として「タイの知恵」を生かすフレームワークを定めたのであった。

「タイの知恵」とは、多くの世代によって継承された経験に基づく、タイ人の知識、能力、そして優れた価値および技術の総体である。「タイの知恵」は、タイ国家の公共の財産であり、人々が問題を解決したり、彼らの生活を向上させたり、彼らの生活と環境の適切なバランスを作り出したりするために役立つものである。

国家教育委員会事務局と文部省は、「タイの知恵」の重要性を認識し、他の多くの政府機関や民間機関と協力して、「タイの知恵」をタイの教育制度に取り入れ、推進するための方策を採ってきた。例えば、「タイの知恵」に関する研究を進めること、「タイの知恵」を持つ者を「知恵のある教師」として表彰すること、「タイの知恵」をフォーマル、ノンフォーマル教育機関を問わず、そこでの教育に統合することなどである。

学習改革は、学習の質の評価とともになされなければならない。そのため同法は、基礎教育および高等教育における教育の質保証のために「質の保証システム」の制度化を求めている。

構造改革について国家教育法は、従来の中央集権的な制度から地方分権制への移行を規定している。高等教育を管轄してきた大学省は、文部省と統合されることになった。省庁の統合によって誕生した新しい文部省は、教育に関わる政策・計画の立案、監督、評価、また教育機関への予算の配分などを行うこととなった。

重要なのは、同法が高等教育機関に適切な管理運営システムを自らが作り出すことを保障した点である。そのことにより、それぞれの機関は、自律性を高め、学習と研究の質の向上に資することができることになる。さらに法人格を取得した公立の高等教育機関に対しては、それぞれの機関が所有する財産を活用する権利が与えられ、必要性に応じてその財源を配分したり活用したりすることができるようになった。

6　国家教育法の施行と高等教育改革

国家教育法の施行に伴い、高等教育改革を実現するためのいくつかの取り組みがなされた。政策立案機関である国家教育委員会は、改革を実現させるための戦略的計画を内閣に提出すべく、調査研究を進めた。こうした研究としては、例えば、「高等教育運営の新しいモデル」、「大学の地域配置」、「高等教育の財政」などが挙げられる。

全体的な改革にはまだ時間がかかるとはいえ、同法の施行以後、以下に示すように様々な改革が実施に移されている。

(1)　入学制度改革

内閣は、数回にわたる試行、レベルの異なる複数の委員会による審議を経て、入学制度検討特別委員会によって提案された新しい入学制度を二〇〇六年から採用することを承認した。新制度は、学業成績を三つの指標、すなわち①高校でのＧＰＡ(grade point average)またはＰＲ(percentile rank)(一〇%)、②国家試験事務局によって実施される国家試験の結果(四〇―九〇%)、③大学の各学部・学科によって実施される三教科の試験結果(〇―五〇%)、によって決定される。新制度がめざすのは、暗記中心の学習ではなく、批判的思考、創造性、基本的な学習能力を重視しようとするものである。入試制度の改革はまた、学生の中退を防ぐことをも目的としている。チュラロンコン大学やスラナリー工科大学の調査結果によれば、大学推薦で選ばれた学生の中退率は、統一入試によって選ばれた学生より低かったという。

すでにいくつかの高等教育機関は、より柔軟な独自の入学制度を実施している。大学によっては、地域の卒業生を優先的に入学させる制度を採用してきた。特にスラナリー工科大学はスポーツで優秀な成績を残した学生、高い能力を持つ運動選手のための特別な進学枠を設け、彼らに対して学費や寮費の免除、彼らの学業上の能力を伸ばすために必要な特別クラスの設置、報奨制を実施している。

(2)　単位互換

チュラロンコン大学とマヒドン大学の両大学は、教員や施設の共同利用から共同研究までを含む学術協力の協定を結んだ。また、特定学部において学生が取得する単位の互換についても合意している。

(3)　課題中心学習

国家の発展のために重要な人材となる学生の知的創造力を育てるため、高等教育委員会はいくつかのプロジェクトを始めている。「ベスト&ブライテストプロジェクト」は、優れた学生を選抜し、彼らの視野を広げるべく海外研修の機会を与えている。同プロジェクトは、グローバリゼーション、国際交流、先端技術についての理解を深め、タイの国際的な競争力を増すために、経済、教育、政治、芸術、文化などの面で、いかにしてタイを発展させていけばよいのかを学生に考えさせることを目的としている。

また「コミュニティへの技術移転研究プロジェクト」は、地域コミュニティの工業生産、農業生産の向上、地域住民の生活の向上のために、大学の教員と学生が、彼らの知識、技術、その他大学が有する資源を提供するプロジェクトである。こうした協働による開発によって、地域を学習社会へと変える、すなわち大学教員、学生、地域の人々が共通の利益のために、共に学んでいくこと、こうしたプロセスを促進することが期待されている。

高等教育委員会が着手した「地域の向上のために共に学ぶプロジェクト」では、学生が社会の現状を理解することができるよう、地域の人々と共に働き、共に学ぶことが奨励されている。学生はまた、地域の課題を解決するための研究プロジェクトを実施し、学習社会の実現に必要な活動の提案を行う。夏季休暇中、活動を継続したい学生に対しては、パートタイムとして賃金が支払われる。このよう活動を通じて、学生は学びながら、収入を得ることができる。また、地域の人々と共に学び、共に働くことを通じて、知識を増すことができるのである。

(4) 大学と産業界の共同研究

やがて高等教育委員会は、国家産業審議会と協力して、大学と企業の間の公私共同研究を促進するための小委員会を設置した。その最終目的は、「タイの知恵」を国力の一つと考えられる食糧生産に重点をおいて発揮できるよう研究を行うことである。

(5) 教育の質保証制度

国家教育基準・質保証事務局(ONESQA, Office of National Education Standard and Quality Assurance)は、各基礎教育機関および高等教育機関が、同事務局の専門審査員による外部評価を受ける前に定期的な自己評価を行うよう奨励している。自己評価と外部評価、いずれの評価においても、高等教育機関が、予算の最大の供給源である政府、学生、地域コミュニティ、投資家に対して、説明責任を果たすことが求められる。効率性、対費用効果、透明性のある経営プロセスを通して、大学に関わる人々のニーズに応えるような質の高い教育を提供することが求められているのである。

(6) 文部省と大学省の統合

国家教育法の施行により、タイでは二〇〇三年七月七日、文部省と大学省が統合され、新文部省が設立された。このことによって、従来、文部省と大学省とに別々に管轄されていた高等教育機関は、新文部省の管轄下に入り、同一の政策立案機関に属することとなった。こうした統合は、高等教育に関わる政策立案・実施の統一性につながるものである。旧教員養成カレッジであるラチャパット・インスティテュートおよびラチャモンコン工科インスティテュートも「大学」として認可され、他の高等教育機関と同様、自治大学への移行をめざし始めている。統合に伴い、従来二つの省庁の管轄下にあった高等教育機関の間でも協働の積極的な試みがみられる。特に大学入試制度については、多くの大学が、大学所在地域（訳注：地域設定は各大学によって異なる）出身の学生を優先的に入学させる制度を始めている。

(7) 大学自治

自治大学の意義と必要性を認識し、タイの高等教育機関の多くは、それぞれ大学自治法を内閣に提出した。この間、政府は各大学に自治制を強要はせず、各大学が独自に決定するよう奨励したのであった。教授団が大学自治法を加速させた理由は、彼らが、省庁の統合によって新たに大学を管轄する文部省の支配が強まり、学問の自由が脅かされることを恐れたことにある。

二〇〇三年一〇月までに、六つの大学が自治大学へと移行した。これらの大学のいくつかは当初から自治権を享受できたところもあれば、数年間は自治権を求めて努力してきた大学もある。当初は教授陣の疑念や反対も強かったが、現在では広く受け入れられている。

キングモンクット工科大学トンブリ校は、移行を成功させた優れた事例の一つといえよう。同校が一九八〇年代初頭に大学自律の方針を決定したのは、内定要因としては、政策や行政の継続性の必要性を認識したからであり、外的要因としては、多くの大学の自治制反対派からなる教員会議（Lecturers Council）からの支援をとりつけることができたからである。一九七〇年代の経済危機の衝撃を認識し、行政上の制限、アカデミックプログラムや補助金に関する決定の柔軟性の欠如、国内外の経験からの学習などを通じて、KMUTTは一九九二年、他の一六の国立大学と同時に自治制への移行を表明したが、その後、独自に自治制への動きを加速させた。自治制の実施に向けて七つのワーキンググループ（計画・人事管理、財政、予算・調達、経営、学事、福利厚生、学生、情報サービス）を設置した。一九九八年KMUTT法が議会を通過し、同年KMUTTは自治大学となったのである。過去の経験から、KMUTTは二つの課題を認識していた。一つは人事管理システム、もう一つは財源の自主化である。

当初、公務員である教授陣の間には、今後の福利厚生が不透明であること、給与の増額や終身在職権が不確定であること、不公平な評価が行われ解雇される可能性があることなどの不安が広がっていた。そのためKMUTTは、教員の人事に二つの選択肢を用意した。一つは教授陣が公務員としての立場に留まることを望むのか、他の一つは公務員としては退職し新システムに基づく大学職員として新たに採用されたいのかを自分の意思で決定できるというものである。新システムでの雇用を希望する者に対しては、給与の増額などのインセンティブが与えられ、大学基金や新規採用職員の福利厚生のために新たな予算が設けられた。

最初から自治大学として設置されたスラナリー工科大学とワライラック大学に対しては、経済が好況であった時期には、大学の所在地を地盤とする政治家たちからの強い支援と資金援助があった。両大学とも、政府の管轄下にある大学と比べた自律性の高さ、柔軟性の高さを活用し、最大限にその資源を生かすことで、国内有数のシンクタンクになるとともに、学術面でも国際的に高い評価を得るにいたっている。

タイ国内にある二つの仏教系の自治大学は、国内の著名な寺院から潤沢な資金を寄付金として得ており、財源については何の制限も受けていない。したがって、現在、大学の自主管理のもとキャンパス数を二〇以上に増やしている。

これらの自治大学の業績に対する内部評価も満足のいく結果を示している。KMUTTでは、自治大学への移行が教職員の慣行や労働文化に一定程度の変化をもたらした。こうした変化としては、例えば、個人の利益よりも組織としての利益に配慮し協働する態度、大学のビジョンの共有、対費用効果、目的および成果重視型労働文化、改善のための建設的な手段としての調査・点検・評価、仕事の質と水準に対する期待などが挙げられる。

自治大学への移行過程を分析したKMUTT学長クリサナポン・キティカラ博士(Dr. Krissanapong Kitikara)は、同大学の経験を踏まえて次のような成果を指摘している。同氏の報告書によれば、大学の自治制への移行によって、多くの関係者とともに、大学のビジョンを達成するための大学運営システムが実現されたという。彼らは、これまでの受身かつ追従的な公務員の心理的な障害を克服することができた。また彼らは、人材の資質、システムの質と活力に自信を持つことができ、よいガバナンスを実現することができたという。同氏はまた、能力と革新性が発揮された領域として、費用の削減、節約精神、高い生産性、質と対費用効果に関する認識、技術上の成果の増加、収益と資産の増加などを指摘している。教職員も、改善のための手段として個人および組織のモニタリング・評価を受け入れた。さらに、技術面での能力向上により収益と資産が増加した。大学は単にお金を与えられるのではなく、より多くの収益を上げることができるようになった。大学関係者との新しい労働文化が形成され、人事の採用もより外部に開かれたものとなったと指摘する。

(8) コミュニティ開発のための地域大学（Local University）

多くの公立大学は、研究大学として、世界レベルの大学になるという目標を達成すべく、高いレベルの研究を行うことに重点をおいてきた。国内に四一校あるラチャパット・インスティテュートは、もともと教員養成カレッジとして発足したものであるが、現在は、コミュニティ開発のための高等教育機関としての新たな機能に向けて再編されている。これらの機関は、ラチャパット大学グループの一員となり、問題解決型の研究を通じて地域と深く関わりながら活動をしていくことになるだろう。

コミュニティは社会の基盤となる部分であるので、もしラチャパット大学が地方の知恵の発展に貢献し、貧困、薬物、非識字といった問題を解決することができれば、その活動は包括的でかつ持続的な発展へとつながるものである。こうした「コミュニティ開発のための大学」という役割は、タイの高等教育機関の革新的な役割となるだろう。

7　高等教育改革を促進するための政府の施策

過去六年間にわたり、低所得層出身の学生の多くが政府の教育ローン基金からの援助を受けた。またタイ研究基金(The Thai Research Fund)は、大学教員による研究を推進するため重要な役割を果たしてきた。同基金は、研究費の助成、優秀な研究者の表彰などを通じて、タイ国内の高等教育機関における研究が、質・量ともに向上したとしている。

近年では、タイ国内の高等教育改革を促進するため様々な方策が採られている。例えば、政府は教員の資質の向上のために多額の予算を配分しており、この方針は数年にわたって継続される予定である。資質の向上にあたっては、海外留学によってより高いレベルの学位を取得すること、学術上の能力を高めるために必要な研修プログラムに参加することなども含まれる。二〇〇四年より、タイの全高等教育機関で、教員の資質向上プロジェクトが開始される予定である。

高等教育機関の機会をすべての者に広げるため、政府はいくつかのノンフォーマル教育センターや技術大学を、施設・設備の整備のために不必要な予算を用いることなく、一〇校のコミュニティカレッジへ移行させた。これらコミュニティカレッジが提供する低コストのプログラムは、低所得層出身の学生を引き付け、地方に住む学生の高等教育へのアクセスを助けるものとなるだろう。コミュニティカレッジは、地方の必要性、コミュニティ開発の双方のために必要なトレーニングを提供することができる。

国家教育法によって規定された開放システムにより、コミュニティカレッジでは提供されるコースは大学のプログラムと連携して、単位の互換およびコース・プログラムの同等性が保障される。これらに加えて、政府が運営する宝くじからの収入をもとに、優秀でありながら恵まれない環境にある学生一、〇〇〇人を対象に、毎年、奨学金を付与している。学生は「一地域一奨学生」プログラムによって地域ごとに選抜される。奨学生として選抜された学生は、学部一年から博士課程まで支援を受けることができる。また奨学生は、国内の大学だけではなく、彼らが希望する海外の大学に留学することもできる。

こうした動きに加えて、首相は、大学学長会議の席で、学部間の障壁をなくし、高等教育機関内および他の高等教育機関との間での資源の共有を促進するよう求めた。こうした首相の提言は、出席者たちによって好意的に受け止められた。

8 結論

タイでは高等教育改革という難題の解決に向けて、数年にわたって議論がなされてきた。高等教育を含む包括的な改革が実現したのは一九九九年国家教育法の施行以後のことである。

高等教育改革を進めるにあたって、タイでは学習者の質を向上させるため「学習と教授（learning and teaching）の改革」に重点がおかれ、公立・私立を問わずすべての高等教育機関が達成すべき課題とされた。「学習改革」を推し進めるためには、学習者と地域住民のニーズに適切に対応することができるよう管理運営の効率性を高めること、すなわち大学の自主管理が必要となる。自治大学は現在も政府機関であり、政府より従来どおり一括配分される予算が与えられている。しかし、より柔軟な大学運営が可能となるよう自治権が与えられているのである。現在タイでは、自治大学への移行の遅れ、自治大学のメリットとデメリットをめぐる論争、とりわけ人事管理に関する論争はあるものの、文部省と大学省の統合によって大学の自治制への移行が推し進められてきた。

タイおよび他の諸国における自治大学の試みは、大学の自主管理が高等教育経営の有効な手段であることを示すものである。しかしながら、大学の自主管理を進めるにあたっては、今後、以下の三つの課題を検討していくことが必要だろう。第一に、大学の自主管理は、学習者の質の向上のための「学習

1 Commission, *A Strategic Proposal and Guideline for*

binet, June 2003.

ncepts and Experience of KMUTT. http://www.sut.ac.

th

Ministry of Education, Thailand, The Ministry of Education Act 2003.

National Research Council of Thailand, *Research Cooperation between Universities and Industry*. http://www.nrct.net

Office of the National Education Commission, *A Summary of National Higher Education Reform Roadmap: A report in the series of National Higher "Education Reform Guidelines"*, April 2001.

Office of the National Education Commission , National Education Act 1999.

Office of the National Education Commission, *Synopsis of the National Scheme of Education B.E. 2545-2559 (2002-2016)*.

Office of the National Education Commission, *The Situation of Higher Education Provision in 2001*.

Rung Kaewdang, *Key Issues of Principles and Strategy for Post Secondary Education Reform*, February 1997.

Suranaree University of Technology, *University Autonomy: Making It Work*. http://www.sut.ac.th

Sutham Areekul, Prof. Dr. Higher Education, *A Research for the Enactment of the National Education Act 1999*.

ークしていなければならない。第二に、大学は教員の態度と職場文化にパラダイム・シフト
要がある。第三に、大学改革は、関係する人々すべてが利益を得ることができるような状
でなさねばならない。最後に指摘したい重要な点は、大学改革の過程では、政府や議員か
的な支援、一般の人々の理解と参加が必要であるということである。そうした支援があって
高等教育の改革は順調に進むことになる。

高等教育は、タイ社会に深く根ざした方法で改革が進められてきた。国際的な基準に合致す
を求め、国家の競争力を高めるべく努力しつつ、周辺地域社会の発展のために「タイの知恵」
推し進められているのである。

（訳：渋谷　恵）

参考文献

Board of University Presidents of Thailand, *The Principles of the Reform of the Admission System*. http://www.matichon.ac.th (September 22, 2003)

The Commission of Thailand' s Education in the Era of Globalization: Towards National Progress and Security in the Next Century, *A Synopsis of the Report "Thai Education in the Era of Globalization: Vision of a Learning Society,"* supported by Thai Farmers Bank.

… Educati… …nmission, *Project for Promoting Gifted Students*. http://www.mua.go.th

4 グローバル化時代のマレーシアにおける高等教育改革

杉本 均

1 グローバル化の影響の今昔

マレーシアにおける高等教育は、日本や他のアジア諸国と同じく、グローバル化の潮流のなかでかつてないほどの構造的変革に直面している。グローバル化という言葉を、国境の存在感が低下し、物や人やサービスや考えがこれまでにない規模とスピードで移動する普遍的経済の出現という現象を指して、英語の Globalisation という単語で表現されるようになった一九九〇年代以降に議論を限定するならば、これは比較的最近の現象であるといえる。世界経済がますます大学における先端技術や人的資源の訓練や養成に依存するようになるにつれて、高等教育はグローバル化のインフラストラクチュアとしてその強い影響を受けるようになってきている。マレーシアにおける近年の高等教育改革は、主として次の二つの変化に対応することを目的としていた。すなわち、一つは知識を基盤とした経済において科学技術や知的領域における国際的競争の激化に対応するため。二つめには人口の増加や教育熱の上昇による高等教育への高まる需要に応えることであった。

しかしもし私たちがマレーシアの、あるいはその植民地時代の英領マラヤの教育の発展の歴史までも視野に入れて論ずる広い視点を持てば、グローバル化は決して新しい現象ではなかった。この地域における国境の存在感や国民意識といったものはもともと明確ではなく、外的な力や文化的影響の浸透に対して、抵抗できるほどの強いものではなかった。マレー半島では前近代からヒンドゥー教、イスラーム、その他の世界宗教の伝播を受け入れてきた。より近年では、近代化の原動力の一つでもあるが、英国植民地主義はこの地域の社会システムのあらゆる側面に深い影響力を残した。この植民地主義は、ゴムや紅茶のプランテーションおよび錫鉱山の労働力として、南インドや中国大陸からの大量の移民人口の流入を招いた。これによりこの地のマレー系六割強、華人系三割、インド系一割という、世界でもまれな人口構成の移民社会が出現することになった。

これらすべての要素は、様々な人々が軒を接して暮らしながら、民族的な亀裂のもとに分断されている、いわゆる複合社会を生み出すことにかかわってきている。人々は交流をするが、それは市場における売り手と買い手におけるような貿易目的を超える交流ではない。マラヤ社会は、それぞれの文明の発祥地にその求心力を持つ、外的要素の直接的な影響のもとにあるという意味で、ファーニバルのいうところの真の意味での複合社会であった(Furnivall, 1948: 311)。

ここで私たちはこのアジア・太平洋フォーラムにおいて、二つの包括的論点を与えられている。すなわち、⑴アジアの高等教育比較―歴史、そして海外からの影響、そしてもう一つは、⑵アジア各国の変革期における大学改革と人材養成、というものである。マレーシアおよびマラヤの文脈でいえば、グローバル化という一つの問題を、この二つの論点に従って、二つの別々の局面において分析することができる。すなわち、⑴グローバルな影響力の浸透のもとに形成された古典的ともいえる複合性、そして、⑵国境なき競争の時代を迎えての高等教育の民営化・規制緩和に向けた今日的な変革の動き、である。本フォーラムの最初の論点である海外からの影響は、このグローバル化の第一の局面に関係しており、第二の論点である大学改革は、グローバル化の新たな局面への近年の対応にそれぞれ関連している。独立以来の三〇年のマレーシアの歴史は、国民統合を求めてグローバル化の圧力に抵抗する反グローバル化のプロセスとしてまとめられる。一方、一九九〇年代以降の動きは、グローバル化という外的インパクトの新たな局面に対する両義的な、すなわち愛憎あわせ持つ、社会の複雑な反応として表現できる。

かつて英領マラヤに、英語学校、マレー語学校、華語学校、タミル語学校、アラビア語学校という五つの独立した教育体系が存在していたことは、まさに外的な影響力のもとにある複合社会の現実を如実に反映したものであった。独立前の状況において、これらの学校は授業用語が異なるというだけではなく、生徒たちの学ぶ教育内容においても全く異なっていたため、異なるストリーム（学校系列）の生徒は、他のストリームの生徒から完全に孤立させられていた。当時英語学校で用いられた教科書は、同じ頃英国の学校で使われていた教科書の焼き直しであった。この地に英国が進出した経緯にはページ数の半分が割かれており、しかもその介入は正当かつ不可避的なものであったかのように記述されていた(Watson, 1993: 143)。

これと対照的に、華語学校で用いられていた教科書は、中国大陸で使われていたものと同じで、その地理と歴史の内容の半分以上は中国本土についての記述であった(Loh Philip, 1975: 143)。ポンドックあるいはマドラッサと呼ばれる、マラヤのコーラン学校では、いうまでもなく、そこで使われていた教科書と言語は、メッカの学校で使われていたものと全く同じものであり、また地域にあわせて修正されるべきものではないと考えられていた。

それぞれの系列の学校は授業用語が違うだけでなく、その教育の目的や哲学、管理運営や財政のシステムまで全く異なるものであった。学校教育の理念や哲学が異なるということは、その学校が養成する人材のタイプも異なるということであり、それぞれの卒業生がマラヤ社会における職業別の階層を形成していった。

独立後にも教育の場に残された外的要素に対する人々の反応は、大きく二つに分かれた。一つは、マレーシアの国家建設や国民統合にとって破壊的な要素であるとして、それらを排除したり根絶させようとする動き。もう一つのアプローチは、マレーシアが地球規模でのネットワークのメンバーシップを獲得し、国家を近代化させてゆくプロセスとしてそれらを歓迎しようという動きであった。マレーシアにとって問題なのは、独立以来どちらの動きも国家の政策文書に謳われ、発展した独立国家の建設に必要なアプローチとして認識されてきたということである。

2　反グローバル化の時代：教育のマレーシア化

グローバル化はしばしばナショナリズムの対立概念として解釈される。このことはグローバル化の進展にともなって、国内において民族意識の復活や宗教的復古主義などの現象が見られることによっても確認されている。マレーシアにとっては、これまでの複合民族社会という混沌や外的な要素による直接の浸透状態から脱して、独立国家として離陸するためには、国民アイデンティティの形成やナショナリズムの高揚が第一の前提条件であった(Halim, 2000: 139-143)。

マレーシア政府は一九七一年の国民文化会議の勧告に従い、マレー文化と伝統、イスラームを核として他の文化的諸側面を加えたものを土台とした「国民文化」を定義しようという政策に乗り出した。何をもって「国民文化」とするのかについては国民の間に明確なコンセンサスは存在せず、このことは華人社会の獅子舞やイスラーム文明の紹介がマレーシア文化という国民共通遺産の一部といえるかどうかという議論からも見てとれる(Kua Kia Soong, 1985: 25-37)。政府によって「国民文化」についての様々なプロモーション活動が行われてきたが、現在に至るまでサブカルチャー同士のダイナミックな交流や異文化融合に基づく確固とした実体としての国民文化を見出すことは難しいといえる。

教育内容も全体としてマレーシアを中心とした視点から再編成された。例えば歴史のシラバスは全世界をおおまかに扱ったものから、よりマレーシアの歴史に焦点を当てたものに書き換えられた。一九六九年にマレー系学生に特に理系・科学系分野での高等教育機会を増やして、入学者の民族別比率をよりバランスのとれたものにするために、民族別割り当て枠を導入した。これにより一九八〇年以降、マレーシアの全大学生に占めるマレー系やその他の先住民系(これらを総称して「ブミプトラ＝土地の子」と呼ぶ)の比率は七〇%に達している(Malaysia, 1981; 1986)。

国語としてのマレー語の地位を向上させるために、一九七〇年から西マレーシアの教員養成カレッジへの入学にはマレー語の資格(修了証)が必要とされた。さらにこの年からすべての英語学校の授業用語が下位の学年からマレー語に変換されることになった。この変換は毎年次の学年に拡大され、一九八二年までにすべての公立中等学校(フォルム6まで)の授業用語がマレー語となり、英語学校が事実上廃止された。大学の授業用語も一部の特例を除いて一九八三年までにマレー語に置き換えられ、大学院レベルは英語とマレー語の両方が使われるようになった。

一九七一年に政府は大学・大学カレッジ法(UUCA)を通過させ、私立大学の設立認可について国王に裁量権限を与え、事実上国内の私立大学の設立を二五年間にわたり禁止することになった。その結果、国内の高等教育機関は数校の国立大学に限られることになり、その就学率は一九九〇年代まで年齢人口比三％以下という低い値に抑えられ、マレーシアの学生、とりわけ華人系の学生の高等教育を求める大きな圧力は海外に教育機会を求めることになった。

こうした一九七〇年代および八〇年代の教育のマレーシア化が強力に遂行された時代においても、少なくとも二つの分野で外的要素の役割が、マレーシアの教育において強化されることになった。すなわち、一つは今述べた高等教育の海外（留学）への依存度の高まりと、もう一つは教育内容へのイスラーム的価値の浸透であった。

一九八〇年代を通じてマレーシアからの海外留学は民間および政府の双方から推進され、おびただしい数の留学生が海外に渡った。政権を握るマレー系は政府奨学金によって留学を奨励され、それによってとりわけパブリック・セクターにおける専門的資格や学位を持ったマレー人を増やすことが目指された。一方、非マレー系は教育における差別政策のゆえに閉ざされた高等教育の道を私費による海外留学によって補おうと試みた。ユネスコの「文化教育統計」によれば、マレーシアは一九八一年から八五年までの六年間、世界で最も多くの留学生を送り出した国としてランクされた。マレーシアの教育を国風化しようという努力が、結果的にマレーシア学生の海外流出を助長し、アカデミックな分野を中心に外的要素の影響をかえって温存することになったことは皮肉なことであった。

マレーシア政府が理科の教育内容などに、より多くのイスラーム的価値を織り込もうという決定をしたことは、国風化の潮流のもう一つの例外であった。一九八〇年代前半、マレーシア政府はマハティール首相の指導のもとに、政府機構に普遍的なイスラーム的性格を注入するための、穏やかなイスラーム化政策に乗り出した。宗教的にも多様な複合的環境において、イスラーム法やイスラーム銀行、イスラーム保険制度などが導入された。一九八〇年代に導入された初等・中等カリキュラムにおいては、すべてのムスリム児童・生徒にイスラーム教育が、その他の児童・生徒には道徳教育が必修とされた。理科の教科書に、マレーシアの宗教的環境をより反映させる努力として、より多くのイスラーム的要素が理科の教科書に取り入れられることになったが、その結果皮肉なことにアラビア系の学者などの外国人の名前がより多く登場することになった。

イスラーム的要素は外的要素ともとれるし、マレーシアの国内的要素ともとることができる。イブン・シーナやアル・ラージといった理科の教科書に登場するイスラーム科学者の名前は少なくともムスリム児童・生徒には、自らのグループの先達や先駆者として尊敬されているものであるが、国籍という点ではマレーシアの児童・生徒にとっては外国人であった。マレー人にとってイスラーム化はグローバル化を意味するのか、国風化を意味するのかという問題は、理科教育の内容をとってみても微妙で評価の困難な作業であるといえる。

一九八三年のマレーシア国際イスラーム大学（IIUM）の設立は、マレーシアのイスラーム教育の歴史における画期的事件であった。この大学の設立は一九七七年の第一回世界イスラーム教育会議において、マレーシアのマハティール首相によって提案されたもので、世界的なイスラームの復古的潮流の影響を受けたものでもあった。この大学はマレーシア政府とイスラーム会議機構（OIC）の共同出資によって運営されており、半分は国立大学、半分は国際資本の私立大学という性格を持っていた。大学の授業用語は他の国立大学がマレー語への転換を終えたばかりのこの時期に、マレー語ではなく英語とアラビア語を選択したという点も国家の教育政策から逸脱していたが、これによって五〇カ国以上から一、〇〇〇人を超える留学生を迎える国際的な性格を持つことになった。大学の目的は、イスラーム的価値を、最先端の科学研究を含んだ最高レベルの教育のなかに統合し、知の分野におけるイスラームのプライマシー（優越性）を確立することにあった。ここの研究所長の一人が、大学は国家の社会経済的もしくは政治的発展における利益を追求するための道具になってはならない、と述べているのは、国民統合とイスラーム的普遍価値との葛藤を示唆するうえで注目に値する（Anne Sofie Roald, 1994: 249）。

これらのマレーシア化とイスラーム化という一部で矛盾する一連の動きは、この時期のマレーシア政府による反西洋化政策の一環として説明できるが、多民族社会という環境にあって、児童・生徒に愛国心を植え付けたり、国家への献身やナショナリズムの精神を鼓舞したりする努力と、イスラーム的な国境を越えた精神世界の強調という動きとは、児童・生徒の認知的発達やアイデンティティ形成において、全く矛盾なく受け入れられたということは考えにくい。

3　グローバル化の潮流に対するマレーシアの対応

独立以来、国家としてのまとまりを模索し、国民統合を推進しようとしてきた三〇年間の努力が、グローバル化の時代の到来とそれに対応する教育政策の転換により大きな障壁にぶつかることになった。一九九〇年代から起こった知識を基盤とした経済の出現と、それに続く産業構造や求められる労働力タイプの変化は、マレーシアの高等教育に関する国家戦略に重大な影響を与えた。一九七〇年代および八〇年代の国家経済政策（NEP）は一九九〇年代に出された二〇二〇年構想（ヴィジョン二〇二〇）と呼ばれる国家発展計画（NDP）によって取って代わられた。この発展構想とは、マハティール首相が一九九一年に打ち出した根本的な政策枠組みで、マレーシアが今後八％台の高い成長率を維持して、二〇二〇年までに先進国の地位に達することを目標にしていた。

この先進国化構想の最初のステップとしての具体化されたものが、一九九六年に打ち上げられたマルティメディア・スーパー・コリドー（MSC）と呼ばれるメガ・プロジェクトであった。MSCは電子政府、遠隔医療ネットワーク、スマート・スクール（IT学校）そしてR&D（先端技術研究）センターなどのいくつかの基幹プロジェクトからなる壮大な開発計画であり、産業・市場の構造変革、ビジネスの概念やモードの革新までも視野におさめたものである。政府はクアラルンプルの南一五キロ×五〇キロの広大な地域をサイバー・シティーとして指定し、ハイテク・ネットワークや最先端インフラを整備し、世界をリードする多国籍企業や国内企業・研究所の誘致を目指したものであった(Ibrahim and Goh eds., 1998: 1-22)。

MSCプロジェクトは一〇〇万人の雇用を生み出し、年間三・四%の就業人口の増加をもたらすと見込まれていた。特にMSCによって知的労働者は一九九八年から二〇〇〇年までの三年間で新たに二万人から四万人が必要となった。このプロジェクトを支えるための高等教育における年齢人口比就学率は四〇%と想定されており、これは一九九六年の実績のほぼ一〇倍に相当する数字であった(Tan, 2002: 85-87)。このような専門職および技術職労働者への高まる需要をマレーシアの現行の抑制的な教育・訓練システムでは完全に満たすことができないことは明らかであった。マレーシアの経済構造を変革するのに必要なマンパワーを養成する高等教育システムの拡大と再構築の差し迫った必要性が政府に認識された。

マレーシア政府が一九九〇年代に高等教育政策の劇的転換に踏み出すことによって、それを取り巻く世界の変化に適応しようとしたことの背景には、グローバルな世界的潮流が大きな影響を与えていた。高等教育政策は、国語の使用を重視する、限られた数の国立大学からなるエリート型システムから、国家の競争力を高め、英語の役割の重要性や産業構造の変化という現実に対応可能な高等教育への門戸を拡大する政策へとシフトした。高等教育における革命的な進展とも表現される一九九五年から九六年にかけての一連の五つの法規の制定および改正は、この動きのハイライトともいえるものであった。

一九六〇年から施行されてきた教育法は一九九六年に新教育法に代わり、一九七一年の大学および大学カレッジ法も改正され、はじめて私立大学の設立が認められるなど、私立高等教育セクターの国家の教育システムにおける正規の地位が認知された。同じく一九九六年に成立した私立高等教育機関法、国家アクレディテーション委員会法、国家高等教育委員会法は、すべてマレーシアの高等教育システムに、急速に変化する科学、社会、経済的環境により敏感にかつ責任ある対応ができるような法的基礎を与えようというものであった。

これら一群の法律が施行されたことによる主要な影響は、一言でいえばマレーシアの高等教育における諸サービスの民営化という動きに集約される。これは厳しい財政状況で巨大な公共セクターに資金を供給し維持するために、政府が一九八〇年代から国をあげて推進してきた国家戦略の延長線上にあるものであった。通信電話、郵便、鉄道などのいくつかのマレーシアの公共事業やインフラ・サービスがこの時期に民営化されてきており、その最後の領域の一つが教育であった。

西洋社会だけでなく、アジア諸国においても、公共セクターの民営化の流れは今日世界の避けがたい現実である。私立セクターは公立セクターに比べてより効率的で、社会の需要に対応し、多くの選択肢を提供するという点でより効果的であるとみなされてきた。民営化とは、一般的にこれまで公立セクターによって提供されてきた商品やサービスの処理において、より民間市場のメカニズムを取り入れようという変化を意味している。教育分野における民営化を推進しようとする人々は、それによって教育サービスの効率が向上し、教育における選択肢が増加し、政府の教育財政への負担を軽減し、政府による教育への統制を緩和することになると主張している。

アーサー・レビン（Arthur Levine）は各国の民営化を推し進めている原動力について、⑴情報化社会の到来、⑵学校における非伝統的な学生の増加、⑶教育コストの高騰、⑷遠隔教育やヴァーチャル授業の発達、⑸アカウンタビリティ（説明責任）への要請、⑹財政の緊縮をあげている（2001: 133-140）。マレーシアの高等教育もこの例外ではなかった。マレーシアの高等教育における民営化とは、高等教育機関の効率性や国内および国際的なマーケットにおける競争力を向上させることを目的とすると同時に、機関の行うことができる商業活動への規制が緩和されることによる収入源の多面化を期待するものであった。

教育という分野で、民営化とは一般的に二つの現象をさして用いられている。一つは国家の教育システム内部における私立セクターの成長および拡大、もう一つは、公立の機関や組織における私営性（privateness：私的性格）の拡大である。マレーシア政府がその教育サービスを民営化しようとする際の戦略にはこれらの二つのプロセスの双方が含まれていた。すなわち政府は、⑴まず私立カレッジの設立を認め、そしてその後に私立大学の設立や、外国大学の分校の誘致を可能にする法規を定めたのは、前者の私立セクター拡大のプロセスに当たり、そして、⑵既存の国立大学の経営や財政に市場原理を取り入れることによって法人化しようとした試みは、後者の私営性の拡大のプロセスに当たる。以下の節では、それぞれのプロセスについて⑴と⑵で順に見てゆくことにする。

⑴　私立大学とカレッジの増大：私立セクターの拡大

マレーシアにおける高等教育は独立以来、一九九〇年代の後半に政策の転換が行われるまでの三〇年間、一握りの国立大学によって独占されてきた。中等教育卒業者による高等教育への高まる要求は、まず、一九九〇年代、自らは学位コースを提供できない中等後カレッジ（post-secondary college）の急増によって吸収されてきた。これらのカレッジの一部は外国の学位授与大学と、トゥイニング・プログラムなどと呼ばれる国際的な提携関係を樹立し、学位コースの教育の一部を国内で請け負うことで人気を博してきた。

トゥイニング・プログラムは、外国の大学がマレーシア国内のカレッジの教育水準と施設を認定し、外国の大学側による質を保証するための一定の監督のもとに、そのカレッジのコースに自大学の学位プログラムの一部としてのアクレディテーション（認可）を与えることを内容とするものであった。これらの人気コースの提携先としてはオーストラリアと英国の大学が最も多く、それに続いてアメリカ、カナダ、ニュージーランドの大学が多かった。これらのプログラムにおいては、マレーシアの学生はその学位コースのうちの一年間もしくは二年間を物価の安い国内で履修することが可能になり、それによって海外留学の費用の二〇〜四〇%が節約できることになった(Lee, 1999b: 43-44)。

一九九〇年代前半まで続く、経済成長率年八%を超える好景気は、マレーシアの私立高等教育機関の歴史的な増加をもたらした。教育改革関連の法規が制定される前の一九九五年でさえ、すでにカレッジの数は二八〇校で、一二七、五九六人の学生が学んでいたが、一九九六年の新法によってこの動きはさらに加速され、一九九九年には私立カレッジの数は六一一、学生数は一九万五千人に達していた(Tan, 2002: 123)。人々の高等教育への強い要請やアスピレーションが現行の教育制度や規制の多い法体系ではまかないきれなくなっていることは明らかであった。マレーシア政府は教育諸法がより現実を認識し、私立高等教育セクターの重要な役割を反映したものになるべく現行法を見直すことを決定した。

一九九六年の私立高等教育機関法は、一方で私立高等教育の形態や地位に関する規制を緩和する方策を提供し、他方でその活動やサービスの質についてよりシステマティックな統制を導入しようとするものであった。これにより大学もしくは大学カレッジの地位を持つ私立高等教育機関やマレーシアにおける外国の大学の分校などが、文部大臣の推薦と認可のもとに設立が可能となった。他方、すべてのコースの開設には文部省の認可が必要となり、認可後もそのサービスと施設の質が独立法人(LAN)によって定期的にモニターされることになった。また教育内容の過度なグローバル化によって、学生の間にマレーシアの教育機関であるという意識が希薄になることを防ぐために、留学生を含めたすべての学生に「マレーシア研究」などの科目の履修が必修とされた。こうした高等教育の統制に関する二重の性格が一九九六年の国家アクレディテーション委員会法には規定されている(Malaysia, 1996b; 1996c)。

これらの法律が施行した直後の一九九六年に、マレーシアの最初の私立大学であるマルティメディア大学(Multi Media University: MMU)が電信電話会社によってマラッカとサイバージャヤの二つの分校として設立された。後者はまさにマルティメディア・スーパー・コリドーに指定された区域の中心に位置していた。それに続いて翌一九九七年、ペトロナス工科大学(University of Technology Petronas: UTP)が石油資本によって、トゥナガ・ナシオナル大学(University Tenaga Nasional: Uniten)が電力会社によってそれぞれ設立された。これらの三つの私立大学はすべて元国営の巨大企業によって設立され、法人の経営形態によって運営された。続いてスランゴール産業大学(University of Industry Selangor: Unisel: 1999)が州政府によって、トゥンク・アブドル・ラーマン大学(Tunk Abdul Rahman Univerisity: Utar: 2002)は華人系政党によって設立された。そのほかマレーシア公開大学(Open University: Unitem: 2000)とヴァーチャル・ユニバーシティ(Virtual University: Unitar: 1999)は通信と遠隔学習の技術に基づく様々な知識の伝達様式による教育を提供している。一四校のうち四校はオーストラリアと英国の大学(各二校)がマレーシアに設置した分校である(Ministry of Education, 2001a)。

一九九七年のタイ通貨の暴落に始まる、いわゆるアジア通貨危機は広くアジアに拡大し、それらの国々の教育政策に新たな局面をもたらすことになった。この影響によるマレーシア通貨の為替レートの急速な下落により、マレーシア政府も外貨の流出を防ぐために一連の行動を取らざるを得なくなった。真っ先にターゲットとなったのは、これまで莫大な費用が投じられてきた海外留学生への政府奨学金であった。政府は海外留学のための政府奨学金の大部分を中止し、すでに留学している学生に対しても帰国命令を発した。私費留学生については出国ビザの費用を引き上げ、留学による所得税控除を廃止した。留学コストの急激な上昇により二、〇〇〇人の留学生が帰国し、国内の教育機関に転入することになった。

通貨危機の勃発の一年後には、国家財務大臣は、一〇校の私立カレッジに対して、これまでの外国の大学との提携による分離学位プログラムを、三年間すべての期間を国内カレッジで履修可能にすると宣言した。このプログラムは一年間国内で履修する「1＋2プログラム」や二年間国内で履修する「2＋1プログラム」に対して、「3＋0プログラム」と呼ばれる。一方、留学生の急減に苦慮する外国の大学の一部も、その本国のコースに全く出席することなく学生に学位を授与するこうしたプログラムを認めることに合意した。二〇〇一年の段階で、「3＋0プログラム」は三五のコースがオーストラリアの大学一〇校、英国の大学九校との間の提携として提供されている(Ministry of Education, 2001b)。この動きは、マレーシアの私立カレッジに、国内での学位コースへの高まる需要に対応するために、さらにいくつかの類似したプログラム、例えばクレジット・トランスファー・プログラム、外部学位プログラム、あるいは他の専門職および半専門職コースなどを開発することに勢いを与えた。しかし国内の高等教育の場を求める累積された欲求は、次の節において分析するように、マレーシアの高等教育の公立セクターにおける改革を加速するためのさらなる原動力となった。

(2) マレーシアの国立大学の法人化

マレーシアにおける国立大学は私立大学に比べて授業料などが安かったため、大学入学定員の拡大を求める要望はさらに大きかった。まず最初の対応として八つの大学全体で入学定員が一九九七年の四五、〇〇〇人から一九九九年の八四、〇〇〇人にまで拡大された。しかし同時に財政難により大学の運営経費の一〇%がただちにカットされたため、この拡大は大学施設の拡充や学生宿舎の増築などのインフラ整備を伴わずに進行し、大学の教育・研究環境の悪化を招いた(Lee, 1999c: 96)。

そこでマレーシア政府は国立大学の管理運営機構におだやかな調整を加えるために法人化(コーポラタイゼーション)という道を選んだ。法人化というのは広い意味での民営化の一形態で、法人化によって大学は企業のように会社を設立し、投資を行い、基金を設けることができるようになる。しかし通常それは大学の既存の資産についての所有権の移転を含まず、政府も大学への研究資金の提供という点で大学への影響力を維持する。(狭い意味での)民営化と比較すると、法人化は政府が公立大学への最小限のコントロールを維持しながら、その財政をより自律的にしようと望んだ場合には適した選択であろう。

一九九八年四月以降、マレーシアのすべての国（公）立大学に新しい大学憲章が採択されたが、それは最終的には大学を法人化することを想定していた。法人化は大学の意思決定、既存のシステムの改組やリストラを容易にし、さらには新たな給与スケールの導入も可能になる。一九九八年一月一日にマレーシアで最も古い大学であるマラヤ大学（University of Malaya: UM）が法人化され、続いて他の有力な四つの国立大学、すなわちマレーシア国民大学（Universiti Kebansaan Malaysia: UKM）、マレーシア理科大学（Universiti Sains Malaysia: USM）、マレーシア・プトラ大学（Universiti Putra Malaysia: UPM）、マレーシア工科大学（Universiti Teknologi Malaysia: UTM）が法人化された。大学の法人化は、財務管理や運用における効率性を高め、代替的な収入財源の探求においてより大きな柔軟性を付与することを目的としている。マレーシアにおいて公立大学の改革が推進された背景には、新たに出現した私立大学との間に、大学スタッフのリクルートにおいて競合関係が生まれたことが影響している。国立大学のスタッフの給与スケールは公立セクターの給与スケールに準拠していたため、スタッフがより待遇の良い私立大学に引き抜かれるのを防ぐために、より良い雇用条件を備える必要があった（Neville, 1998, p.267）。

管理面に起こった構造的な変化に関しては、マレーシアの公立大学は部分的な自律性を獲得したにすぎない。それまでマレーシア政府は一九七一年の大学および大学カレッジ法のもとで、大学に対して、学生の入学、スタッフの採用、カリキュラム、財政などあらゆる側面で完全な権限を握っていた。

この時期でも英国型のカウンシル（運営委員会）とセナト（評議会）が並立する二元システムは形式上維持されたが、学長は運営委員会ではなく、文部大臣が任命し、学部長などは教授会で選ばれるのではなく、学長によって任命されるシステムになっていた。

一九九八年の法人化の結果、大学の管理組織は、一般の企業組織の役員会が行っている形態に類似した方向に改組されることが期待され、運営委員会も役員会に置き換えられた。伝統的な大学の二元管理システムのなかで、アカデミックな領域における最高意思決定機関であった評議会の規模も劇的に縮小された（Malaysia UUCA Act, 1995）。これらの大学の管理機構には、戦略的計画、トータル・クオリティ・マネージメント（TQM）、アカウンタビリティといったビジネススタイルの企業文化が取り入れられるようになった。法人化された大学は、歳入の一部を、コンサルタント業務、契約研究、パテント管理、学外拡張コース、大学資産の貸与運用といった市場に関連した活動によってまかなうことが求められた（Lee, 2000: 326）。

例えば、マレーシア理科大学の大学憲章によれば、役員会は学長、政府の代表二名、地域社会から一名、学識経験者三名以内（そのうち少なくとも一人は民間セクターから）によって構成されるとなっており、現在役員会は八人、評議会は四〇人という規模になっている。この憲章によって、大学はスタッフを採用し、昇任させ、給与スケール・休暇・規律を含む服務規定を定め、授業料を請求し、受領する権限が与えられた（USM, 1998, Article 6）。大学は政府の直接のコントロールからは脱したが、依然として政府や民間セクターの見解が役員会を通じて強力に反映されている。

アジア通貨危機とそれに続く経済混乱の影響は国立大学の法人化のプロセスにも影を落としている。マレーシア通貨の下落による留学コストの急激な上昇により二、〇〇〇人の留学生が帰国し国内での進学を希望した。国内のカレッジと大学はその高まる需要に応えるために、入学定員を拡大するよう大きな圧力を受けるようになった。高まる入学圧力に対処するために、多くの公立大学はそのマトリキュレーション（大学準備）レベルのコースの教育を学外の私立カレッジに委託するようになった。

経済状況の悪化によりマレーシア政府はすべての国立大学を法人化するという当初の計画を凍結し、さらに国庫補助を四〇％から三〇％ほど削減した。このような環境を考慮して、国立大学は法人化されたあとも、少なくとも学部レベルの授業料の値上げが認められなかったばかりか、約束されていた大学スタッフの給与スケールの改定も見送られ、給与の上昇も抑えられた（Lee, 1999c: 96）。

大学の新たな収入源を探す努力のなかで、最も有望であったのは留学生のリクルートであった。外国人留学生に課されていた授業料は国内学生の三倍であった。マレーシアの高等教育がアジアからの留学生を引きつけるセールス・ポイントは、遠く欧米にまで行って滞在することなく、すべてマレーシアのカレッジに在籍することで、欧米の大学の学位が取得できる国際的なリンクを持ったコースであった。わずかの間にマレーシアの高等教育機関に学ぶ留学生の数は急激な上昇を見せ、一九九八年には一万人以上の留学生が在籍していた。いくつかの公立大学は技術の民間移転とジョイント・ベンチャーの斡旋を行う子会社や、先端技術のインキュベーターの設立を計画した。マレーシア理科大学のUSAINS(ユーサインス)や、マレーシア国民大学のUKMホールディングスはこうした動きのさきがけであった。

定員の拡大により帰国した学生を吸収する努力が、限界に達した後、公立大学が求めた解決手段は、大学の学位授与プログラムのサービスの一部もしくは大部分を国内の私立カレッジに委託するという公私提携プログラムであった。これは従来、外国の学位を国内で取得するトゥイニング「3＋0プログラム」を国内の公立大学と私立カレッジの提携に応用移植したものである。これによって、カレッジの教育の質と水準が、大学側の定める監督とモニターによって保証されているとい条件のもとに、私立カレッジに登録し、コースの全課程を修了した学生は、全く大学には通うことなく、大学の学位を取得することが可能になったのである。

学士号も取得できる「外部学位プログラム」については、大学側は試験や採点については責任を負うが、近年開発されたディプロマや証明書を取得する「フランチャイズ学位コース」の場合、試験や採点も含めて、すべての実務をカレッジ側において、そのスタッフによって行うことになっている。このシステムによって、学生、カレッジ、大学の三者のすべてが利益を得るとされている。すなわち、学生は公立大学の入学定員にあぶれてもその大学の学位取得の道が別途開け、私立カレッジはこの提携によって、その教育の質と水準の高さについて大学からお墨付きが得られ、授業収入も増加する。大学のほうは学生の入学定員をさらに広げろという圧力を軽減するとともに、提携校を訪問調査するだけでロイヤルティを獲得し、財務の多画化にも貢献することになる。

この目的のために、例えばマレーシア理科大学では、一九九八年に私立教育連絡ユニットという組織を大学内に設置し、大学と私立教育セクターの橋渡しを行っている。二〇〇二年までに理科大学は一二のカレッジと管理経営、コンピュータ科学、マスコミュニケーションなどのコースを中心に二三のフランチャイズ学位プログラムを提携している (Lee, 2002: 15)。

二〇〇三年に国立大学の法人化のプロセスに入った日本の経験と比較して、新しい大学に許される商業活動の幅と種類において、マレーシアの公立大学は日本の国立大学法人より多くのフリーハンドを手に入れる可能性がある。上述のフランチャイズ学位プログラムなどは日本では法人化のあとでさえ現実的な事業とはいえない。しかし一方で、政府による大学へのコントロールという点では、日本の国立大学法人はマレーシアの公立大学より自律的であるかもしれない。なぜならば、少なくとも現在公にされている法文から比較する限り、日本の国立大学法人はその最高意思決定機関に政府の代表を含まないし、また伝統的な教授会の自治が近い将来に剥奪される規定は見られないからである。しかし細かい違いはともかく、高等教育に関する進学圧力をはじめとする社会環境が全く異なるマレーシアと日本の両国で、高等教育に対するグローバル化の類似したインパクトを観察することは興味深いことである。

4　結　語

本稿では、マレーシアの高等教育が植民地時代以来、絶え間なくグローバル化の圧力にさらされてきたことを概観してきた。発展途上の複合社会であるマレーシアは、この圧力を歓迎することは難しかったが、政府はそれが不可避であると判断したとき、そしてそれが国内の民族調和の妨げにならない場合にのみ受け入れてきた。グローバル化を広い意味で定義すれば、マレーシアはその独立以前から常にグローバルな力の影響下にあり、それは決して近年に始まった現象ではない。

一方、アジア諸国は一九九〇年代以降、経済と科学技術を中心とする国境を越えた急速なグローバル化の影響を受けるようになった。多くの途上国にとって、こうした今日的な（狭い定義での）グローバル化は、これまで築き上げてきた国民統合の努力を多くの点で無効にするという意味で本来歓迎されざるものであった。しかし同時に経済的な離陸期にあるとされる新興産業化諸国にとっては、知識・情報・サービスの新たな形態における国境を越えた競争は、これまで資源開発や工業産品の輸出によって先進国が築いてきた経済的ヒエラルキーを、一旦ある程度ご破算にして、各国に同一のスタートラインに立つ機会を与えるという意味ではチャンスでもあった。

マレーシア政府は一九九〇年代以降、マルティメディア・スーパー・コリドー（ＭＳＣ）や二〇二〇年国家先進国化構想（Vision 2020）などの政策を打ち出し、この潮流を逆手にとって自ら国際競争に参入する道を選んだ。そこで政府はこれまでの教育政策を一八〇度転換させ、大胆な規制緩和と私立大学・カレッジを含めた高等教育の拡大策に転じることになった。

日本の国立大学法人法の導入に五年ほど先行する、マレーシアの国立大学の法人化の試みはこの流れのもう一つの側面であった。政府は大学・大学カレッジ法を改定し、一九九八年、一〇校ある既存の国立大学のうちの五校を法人化し、それらに会社を設立し、ベンチャービジネスに参入する権限を付与した。この計画は、その研究・教育活動における規制を緩和し、入学選抜や人事や給与についての裁量権を拡大することによって、国立大学の運営効率を向上させ、時代の要請により敏感に適応できるようにするものであった。その背後には国立大学の歳入源を多角化することにより、その運営経費の七割を超えるという国庫補助を削減しようという意図も存在していた。

一九九七年のアジア通貨危機はマレーシアの高等教育改革に対して、否定的影響と促進的影響という二面的な結果をもたらした。一つには大学の運営予算が削られ、人々の高等教育への需要に応え、国際的なマーケットでの競争に勝ち抜くのに必要な大学の施設の拡大や質の向上をはかる原動力を失い、この意味での大学改革は失速した。提携のパートナーである私立セクターの経済的な苦境により、法人化された大学の生産物を商業化するためのベンチャー提携やコンサルタント契約が予定されたレベルで進まなくなった。

一方、この経済危機は海外留学のコストを急騰させ、マレーシア国内に大量の高等教育への進学圧力を蓄積した。そのために高等教育機関はいままでにないペースでその入学者を拡大し、新たな収入源を求めてその改革を進め、新たなステージに踏み出すきっかけを与えることになった。

マレーシアにおける一九九〇年代の私立カレッジの急増、私立大学の出現、そして国立大学の法人化などは、高等教育への人々のアクセスを拡大し、均等化させようというグローバル化圧力のもとで、政府の高等教育政策が歴史的な転換を果たした結果であるとまとめられる。この環境において、新たな国際的な提携プログラムや、それを国内に応用した公私連携のフランチャイズプログラムなど、画期的なプログラムの開発を促進した。しかし高等教育の急速な改革の多くはマレーシアの高等教育への巨大な需要圧力によって支えられている側面が強く、本当の意味での高等教育の管理運営の効率化や国際的な競争力の向上を果たしたうえでの成功とはいえない点に注意する必要がある。

引用・参考文献

Anne Sofie Roald. 1994, *Tarbiya: Education and Polotics in Islamic Movements in Jordan and Malaysia.* Lund Studies in History of Educaiton, vol.3, Religionshistoriska avdelningen, Lunds University, Lund.

Furnivall, J.S., 1948, *Colonial Policy and Practice: A Comparative Study of Burma and Netherlands India,* New York University Press.

Halim Salleh, 2000, "Globalization and the Challenges to Malay Nationalism as the Essence of Malaysian Nationalism,"

Singapore," in Mangan, J. A. ed., *The Imperial Curriculum: Racial Images and Education in the British Colonial Experience*, Routledge, London.
Wong Hoy-Kee and Ee Tiang Hong, 1971 (1975), *Education in Malaysia*, Heinemann Educational Books (Asia), Hong Kong.

5　オーストラリアとアジアの高等教育改革における挑戦と緊張

クレイグ・マッキニス

1　はじめに

本稿では、知識経済を積極的に主導し推進しているこの地域の国々において、卒業生の能力、技能、態度を創出し拡張させる大学の役割について述べる。アジアの政府や大学が自らの将来をどのように見ているのかはアジア諸国にとって関心の的であるだけでなく、その計画はグローバル化する環境下で様々にアジアの改革のインパクトを感じつつある西洋の大学にとっても大きな関心事である。高等教育はいまや、政策立案者の思考におけるやや周縁的な位置から、各地の国民経済の戦略的計画において中心的な位置を占めるようになった。同じく重要なのは、高等教育が現在、若者やその家族の人生設計や戦略においても中心に位置づいていることであり、それは知識経済が急速な発展を見せるアジアにおいてこそ最も顕著に見られる。

このフォーラムの焦点は、アジア諸国における大学改革問題、とりわけほとんどの有識者が高等教育史における諸改革の中でおそらく最も急速で包括的な改革の波と見なすものに対処すべく、アジアの大学がいかに変化しつつあるのかという点にある。それはまさに、二〇〇三年一二月初旬に議会を通過した法律によるオーストラリアの改革がいかに語られてきたのかということでもある。筆者は本稿において、オーストラリア高等教育の改革について、そしてその近年の展開がアジア諸国の展開とどのように関係しているのかについて考えてみたい。そこで、ここでは特にごく最近オーストラリアにおいて実施された重要な高等教育改革を参照しながら、アジア太平洋地域の各国にとって、現在の類似の文脈や展望において明らかになりつつある基本的差異を指摘することにしたい。

本稿の目的は、様々な起源と状況を有するにもかかわらず各システムに一般的であると思われる特徴と、各国に特有な改革プロセスの特徴とを分けて論じることにある。最も基本的に重要なことは、他国で生じたことをもとに、ある特定の国における改革の成果を予測することは不可能だということである。もちろん、たとえ二つの国が同じ課題に直面しているように見えても、一国のシステム改革を単純に他国に移植することは明らかに不可能なことである。問題なのは、諸課題がどの国にも見られ、改革の緊急性やそれを語る言葉が普遍的であるゆえに、最終的に各国システムの反応のあり方の細かな差異があまりにも簡単に見逃されてしまうことである。しかし本稿を通じて、政府や大学が実施可能な事柄を示し、それぞれが最も精力を傾注できる領域を提示することは可能だと考える。

2 オーストラリア高等教育システムの特徴

マージンソンとコンシダインは、「企業大学 (enterprise university)」を分析する中で次のように述べている。

……オーストラリアの事例が際立っているのは、高等教育に限ったことではなく、オーストラリアでは世界的に共通する傾向がかなり早くから現われ、多くの地域で見られるよりも徹底的かつ着実に実施されてきた (2000 : 6)。

オーストラリアにおいて、変化を求める圧力が他の諸国に先んじて現われたことは事実であるが、現在アジアの大学が直面するグローバルな課題に対応して、オーストラリアの大学が一歩先んじて着実に進むことを可能ならしめた条件が何であったのかについて考えてみることは興味深い問題である。オーストラリアの高等教育システムには、諸大学がここ一〇年の間に急速に変化する外圧や内圧にうまく対応することを可能にしてきたいくつかの特徴がある。以下のまとめは改革の全体像であり、その特徴の一つ一つを見れば、別の国のシステムとは異なっていることがわかる。

第一に、オーストラリアの高等教育システムは、ほとんどの国で見られる以上に圧倒的に公的な性格を有している。四四校の高等教育機関のうち三八校が高等教育財政法に基づいて連邦政府の助成を受けている。私立大学はわずかに五校であり、そのうち四校が限られた政府資金を得ているにすぎない。助成総額は近年まで、決定された学生定員に対する一括助成方式で配分されていた(Nelson, 2002: 5)。全体として見れば、大学財政の約六〇パーセントが政府からの拠出となっている。しかし状況はかなり多様であり、なかには政府からの資金配分が収入の半分以下となっている大学もある。

オーストラリア高等教育をアジア各国と区別する第二の特徴は、それがイギリスに起源を有している一方、第二次世界大戦以降は自ら国際的変化に積極的に適応してきており、イギリスとアメリカの二つのシステムのハイブリッドとしての性格を強めているという点である。しかし、最終的には他に類を見ない独自のシステムとして確立されるに至っている。日本や中国の例に見られるように、他国に由来する一つのシステムをモデルとした後に、ラディカルな形で別のシステムに転換するというようなパターンはオーストラリアでは起こっていない。

第三に、オーストラリアの大学は、全国一元制度(Unified National System)という概念が示すように、中央集権的な統制の下にあるにもかかわらず、その運営形態においては高い自律性を有している。現在までのところ、アジア太平洋地域の他のシステムに見られるよりも直接的な政府介入がずっと少ない。政府による改革は介入主義的になりつつあるが、大学は独立性を厳格に守っている。機関自治が強固に確立されているため、オーストラリアの大学は独自の方法で政策変化に対応し、特に市場競争に対応するのに適切な立場を維持している。しかし、なかには助成金をもらうより収益事業に比重を移すことにチャレンジしている大学もある。各機関の自治は様々な形態で表われている。オーストラリアの大学は、各大学が自主的に任命した評議会（Council）や理事会（Senate）を通して自らを統治し運営するという点で自治機関（self-accrediting）である。大学は収益活動を行い、政府資金とは別に自らの収入源を創出することができる。大学はまた、どのコースを提供し、それをいかに教え評価するのかについて決定を下している。オーストラリア大学質保証機構（Australian Universities Quality Agency）が機能しており、政府から独立して活動し各大学の質保証プロセスについて監査を行っている。同機関以外に基準認定機関や学外試験機関といった全国組織は存在していない。教職員は各大学による被雇用者であって公務員ではなく、各大学は自らの財産を管理下に置いている。

オーストラリアのシステムの第四の特徴は、とりわけ後述する現行の改革議論にも関係するが、連邦政府は大学と直接的に接触して政策を立案しているのであり、他のいかなる団体とも関係しない。つまり、政府統制を調停するような緩衝機関が存在していないということである。これは、連邦制による統治システムではめずらしいことである。大学は、政府と直接交渉するか、もしくはオーストラリア学長委員会（AVCC）を通して集団的にロビー活動を行う。一般に、ほとんどの大学が州法によって設置されているにもかかわらず、州政府は政策・計画立案のプロセスにおいて限定的な役割しか担っていない。もし政府が、直接的な利害関係の少ない仲介機関から助言を受けることが制度化されていれば、現在政府が提起している改革法をめぐる対立の多くはおそらく減少していたであろう。

第五に、学生融資システムは極めてオーストラリア的な発明である。高等教育費用負担制度（ＨＥＣＳ）の下、ほとんどの学生は授業料を支払わずに学習を行っている。学生は卒業後に教育コストの一部分（二〇〇二年で約二五％）を支払う義務が課されるが、それは卒業生が就職し一定レベルの収入を得始める時に限られる。こうして支払いが延期された授業料は、税制を通して直接に支払われることになる。このシステムに対しては改革が提案されており、現在進んでいる改革プロセスの主要な論争点となってきたものである。つまり、学生が高等教育から得る私的便益に対して部分的だがさらに多く負担すべきであるという考え方である。

最後に、オーストラリアには、公正という原則に基づき、学生に対して高等教育への進学機会を提供する根強い伝統がある。就学の水準は決して十分とは言えないものの、機会の均等（equity of access）は長くオーストラリア社会全体に深く根づいた考え方である。すなわち、何人といえどもその社会経済的出自や状況を理由に大学入学機会を否定されるべきではない。それゆえ、オーストラリアは長年にわたって、成人学生、パートタイム学生、遠隔教育を受ける学生を含む、極めて多様な学生集団を有してきた。これは、各大学の多様な学生プロフィールに反映されており、高等教育システム内には研究中心から地域志向の機関まで広範な機関類型が維持されるべきだとする期待を生む主要な要因となっている。この結果、コース・プログラムの設計や提供の仕方における柔軟性は、入学から卒業まで、学生に非常に高いレベルの選択肢が与えられるシステムの主要な特徴であると言える。

要約すると、改革に対して比較的早い対応ができたのは、外部圧力に適応する開放的で柔軟なシステムが準備されていたためである。また、大学が本質的に公的性格を有していることに加え、政府が仲介機関や緩衝機関を通じてではなく、直接的に管理するメカニズムを有していたため、改革はより順調に定着することが可能になった。ただしこれは、改革の初期段階においては有利に働くものの、政治的圧力が結果として元来の意図を歪めてしまう可能性もある。

3　一九九〇年代の諸改革：持続する効果

一九八七年の改革は、知識経済の概念が定着する以前の大混乱の時期に対して準備をするものであった。現在のアジア諸国がそうであるように、この改革は高等教育の大衆化プロセスにおける変化の枠組みを提示することとなった。一九九〇年代初めの再構築は、主に、もしオーストラリアが国際的なレベルで経済競争力をつけようとするなら、高度な技能を有する専門人材を求める労働市場の変化に対応できる高等教育システムが必要であるとする考え方に刺激されたものであった。一九九〇年代初めまでに大学は法人化し、学生をめぐる市場競争に晒されるようになり、政府以外からの収入源を創出する圧力が高まった。以下は、システムとしての高等教育改革の事例であり、そこで行われた実践と考え方は定着している。変化というものは相互に連関したり依存し合う関係にあるので、そのことを無視して別々に考察することは誤解を生じさせることになるだろう。

(1)　国家ニーズへの反応

一九九〇年代に実施された様々な改革に通底する基本的テーマは、大学が国家的ニーズにもっと感応的であるべきだとする政府からの期待であった。それは確かに多くの面で見受けられ、ここで詳述することはしないが、そこに見られる際立った変化は、アカデミックな学習や研究成果をビジネスのニーズ、特に卒業生の雇用を可能にする一般的スキルの開発に密接に連関させて提供することに関係している。

(2)　革新の状況

感応性(responsiveness)とは、主として、大学が広範な活動全体において、どの程度革新的なアプローチを取る準備ができているかであると考えられてきた。大学の研究活動や教育活動に革新状況を創出するには、利用可能な資金を競争的に導入することが大きな決め手であった。全国的に研究の生産性を大きく向上させるための手段として、業績基盤の助成において研究及び研究人材養成が対象とされた。研究活動の商業化の可能性は、より競争的な助成システムや研究プロセスの専門的管理、とりわけ共同研究プロジェクトに専門知識を集中させることによって高まると見なされた。後述するように、教育活動もまた改革の対象となり、ITを活用した革新に重点が置かれた。

(3) 質保証

質保証は、過去一〇年の間に、政府主導の期待に大学が確かに応えているかどうかを確認するために政府が正面からとった圧力であった。それは、大学がどの程度学生ニーズに応えているかという点に最も顕著に見られた。卒業生の満足度に関する全国調査（CEQ）の導入は、各大学の実績に対する政府のモニタリングの中心的方法であった。同調査を進める政府の意図は、各大学や各専門分野の教育活動に見られる弱点分野を明らかにすることにある。政府は、調査という手段を使うことによって、大学の関心を幅広い様々な次元の学生の経験に向けさせることが可能となる。このようなデータの収集を行うのは、市場の只中にある学生が、全国調査データから各大学の業績指標や人口統計を含むできる限り多くの情報を入手し、それに基づいて大学やコースの選択を行うべきであるとする考え方によるものであった。

(4) 学生経験の重視

ここ一〇年の間に、教育活動の革新を促進することを目的とした新しい全国機関が設置された。ほとんどすべての大学において、教育の質を監視するための高度な学生フィードバック・システムが開発されている。各大学によって新たな高等教育への道が開発されたのに加え、高等教育システム内での移動が全国資格枠組み(national qualifications framework)の形成によって促進されてきている。

オーストラリアの高等教育では、そのシステムと学生集団が相互に適応し調整し合う過程にあり、そこでは選択肢が提供されることによって、さらに多くの選択肢が提供されることへの期待が高まる。しかし、大多数の学生が中等学校から直接に大学進学する国や厳格なコース構造や要件を有するシステムとは異なり、オーストラリアのシナリオは次のようになっている。

何十年にもわたって学生のニーズを汲んだコース設計・開発がなされてきた経験が基盤にあり、極めて多様な学生集団のニーズに応えることに一貫して高い優先度が置かれてきた。パートタイム学生、成人学生、学外学生(external enrolments)は、少なくとも過去四〇年の間にオーストラリアの学生構成の主要な特徴となっており、柔軟で開かれたコース構造を求める学生側の需要が、ますます多様な奨学システムの構築を醸成してきた。資格・学位システムを求める傾向が醸成されてきた。専門職学位を授与している機関が依然として多様な学生集団の需要に応えることに抵抗していることは確かであるが、その一方でそれら機関も変化の必要性を感じている(McInnis and Jensz)。

学部生は、移動が可能で十分な資金をもっている限り、いつどこで何を学ぶのか、そしてどのような形で大学生活に関わるのかについて、ますます多くの選択肢を得ることになる。大学は一つには市場競争の結果、二つには新しい学習技術を提供することにより、選択の幅を広げ柔軟に対応できるようになっており、それにつれて学生側の期待も高まりつつある。

(5) 大学行政の拡大と専門職化

高等教育の広範なインフラ管理業務が全般的に専門化されるのに応じて、専門の事務職員が大学の意思決定に関わる度合いが増大しつつある。上級管理職は現在、米国のパターンに倣って、施策や計画プロセスにおいて重要な役割を担っている。そのうえ、学生支援業務全体が学生中心型に転換しており、大学やコースのマーケティング、学生の大学進学支援、キャリア支援の提供等を目的としてますます多くの専門家や専門プログラムが配置されるようになっている。また、新しい科学技術によって事務・支援職員にはコースのデザインや提供において新たな役割が拡大しつつある。こうした職員と教員及び研究者との対立が見られないわけではないが、その境界は崩れ始めている。こうした責任の比重を転換させる二つの重要な要因として、一つには留学生をめぐる市場競争の激化があり、二つにはアカウンタビリティやコンプライアンス手続きを求める需要の広がりがある。

4　二〇〇三年改革と介入の限界

この静岡フォーラムが開催される数週間前、オーストラリアのメディアはほぼ連日、国家レベルの改革課題をめぐる政治的論争を報じていた。確かに、改革は当初、オーストラリア上院において多くの無所属議員の反対や学長からの反対運動に遭って否決された。実際には、主に学生授業料の規制緩和や、各大学と教職員との労使協定の大幅な修正を経て改革法は議会を通過した。上述の団体やそれ以外の団体が改革に反対を表明したことで、オーストラリアの大学や大学人にとって重大な事柄のいくつか、すなわち個人や機関による自治、機関の多様性、高等教育へのアクセス、高等教育費に対する公的負担といった問題が脚光を浴びることになった。

現政権による改革課題は、二〇〇三年五月に出された『我々の大学：オーストラリアの未来を支えるために』という改革案において提示された。主な優先課題として、持続可能性 (sustainability)、質 (quality)、公正 (equality)、多様性 (diversity) が挙げられたのは、オーストラリア高等教育が国際競争の最前線にあり続けなければ「オーストラリアの大学は長期にわたって二流の立場に甘んじることになってしまう」という状況判断によるものであった。改革は明らかに、大学が経済における国際競争力に重要な貢献をなし得るという認識や、研究大学の世界的地位を維持し向上させようという深い関心が動因となって実施されてきた。しかし、冒頭で強調したように、アジアにおける高等教育改革の将来や、大量の若者やその家族にとって高等教育が中心に位置づいている点をめぐる議論を要因に加えることも重要である。オーストラリア高等教育の改革課題は、次のように、高等教育が個人に与える便益に焦点化したビジョンを述べることから始まっている。

我々の高等教育ビジョンは、あらゆるオーストラリア人が自分たち自身の可能性を発見し、達成できることを示し得るものでなければならない (Nelson, 2003 : 3)。

現政権は高等教育から得られる個人的便益を優先しているが、ここではそうした考えを支えるイデオロギーや政治勢力について立ち入って検討することはしない。オーストラリア政府の見方は、本稿において考察対象としているアジア諸国で語られる改革に関する言説の多くが有する傾向や焦点と基本的な点で異なっている。アジアの若者やその家族が描く人生設計は、大学へのアクセスやそこでの成功と密接に関係している。オーストラリアがアジア人の私費留学生に対する最大の高等教育提供国の一つとして彼らの期待に応えてきたことを、我々はよく知っている。

現在オーストラリア政府の進める改革が国家的利益に対する関心に基づいていることもまた明らかである。

経済及び人間の活性化はいずれも、教育によって、特に大学によってもたらされる。我々がオーストラリアに対して抱く希望、市民が享受する生活水準と価値観は、オーストラリアの大学が提供する研究・教育・学術活動によってもたらされる（Nelson, 2003 : 4）。

こうした見解は、高等教育を未来に対する課題の最も前面ないし中心に位置づけようとするものである。もちろん、なかにはこうした考え方を単なるレトリックにすぎないとして退ける専門家もいる。しかし、高等教育のステークホルダーや地域社会全体に訴えるべく、一つ一つの言葉が注意深く選択されていることが忘れられがちである。もしも政府が国民経済の利益だけを重視していたならば、社会からの抗議を免れることはできなかったにちがいない。

(1)　持続可能性・質・公正・多様性

改革に示された謳い文句は、二〇〇三年の改革の基礎をなす諸原則を示している。「持続可能性」は、高等教育を提供することに要する費用の増大にもかかわらず、大学に対する政府財政支援は長期的に減少することを明確化することを意図したものである。それに対する戦略としては、理論的に言えば大学を政府の介入からより解放し、それによって大学がニーズや機会、特に大学の行う活動を営利化することに関して柔軟に対応できるようにすることが考えられる。しかし後述するように、アカウンタビリティのための諸過程が定着しているものの、政府は国民経済を発展させるうえで高等教育が極めて重要であると考えているので、大学が自治的組織になることに慎重にならざるを得ない。

「質」の保証がオーストラリアの大学の国際的名声にとって不可欠であることはすべての有識者が認めるところである。オーストラリア大学質保証機構（ＡＵＱＡ）は、五年サイクルで機関全体の監査（audits）を実施している独立組織である。同機構は、大学の質保証プロセスの計画や運営について公的に報告を行っている。現在の改革においてＡＵＱＡのプログラムは拡張され、オーストラリアの大学が海外で提供する高等教育についても監査が行われることになる。また、すべての卒業生を対象に長年実施されている全国調査は政府助成を受けている。今次の改革によって、これまで行われた機関評価の結果をきちんと知らしめるため、質的データがより集中的に利用されることになろう。さらに、近年開発が進んでいる卒業生技能評価（Graduate Skills Assessment）は、論理的思考、批判的思考、筆記コミュニケーション、対人理解の分野で卒業生の一般的技能をテストすることを意図したものである。こうした技能は基本的に、ビジネスや産業が自分たちのニーズの中心であると考える「雇用可能性」の諸属性である。しかしこれらの属性やそれぞれを測定するために設計されたテストも議論の的になっている。

現行の改革において「公正」原理の強調は、不利な立場にある集団の参加を促す「介入プログラム」（intervention programs）を提供してきたオーストラリアの強い伝統を継続させるものである。オーストラリア先住民は最も高い優先度を与えられてきた。ある意味でそれと関連することだが、改革案において機関の「多様性」がオーストラリア高等教育システムにとっての基本的課題として取り上げられている。政府の目的は、達成度重視のインセンティブを用いて各大学のミッションを多様化させることにある。これは、ある大学にとってはその地域の状況に力を集中させること、多様な学生の出自に対応すること、産業やビジネスとの間に特別な関係を発展させることを意味している。

以下の論点は、二〇〇三年改革の鍵となる要素を明らかにしている。

(2) 高等教育財政

当然ながら、最も注目を集めているのは大学に対する助成基盤の変化である。それはある点で極めて複雑であるがゆえにここで詳述することは適切ではない。基本的改革は、大学が利用できる資金の総額を増やすべく、公（政府）と私（学生）の相対的な負担レベルを転換させることである。これを実現するため、学生は学位を取得すべくより多くの負担を担うことになり（しかし、依然としてコスト全体の一部分のみを負担するだけである）、大学はその提供コースに対する授業料を柔軟に設定できることになる。大学はまた、授業料全額負担学生に対して学生定員の一部を提供することができるようになる。そして、この範疇に分類される学生は新しい貸付計画を利用することができる。また、今回の改革の一つの特徴は、政府の支援を受ける学生は七年間で学位を取得する必要があるという点である。

(3) ガバナンス改革

政府は、大学がビジネスではないことを認めつつも、その運営はビジネスのようになされるべきであると主張している。多くの専門家の考えによれば、小さなガバナンス組織のほうが効果的であると政府が見なしていることは全くの誤りである。政府が提案している一連の規約は、不必要な介入であるうえ多様性の原則にも矛盾すると見なされているが、大学に評議会のメンバーの義務を明確化するとともに、その数に限度を設け、その大多数が機関外の人物であることを徹底させようとしている。

(4) 教育及び学習

近年の改革を先導し、今やそれによって促進されているのは、教育と学習のマネジメントを目的とした大学組織構造の大改革である。教育と学習をめぐる政策論議は、主として質保証や効率性問題を焦点に展開されてきた。ところが、イギリスやオーストラリアにおける最近の改革は、学生の学習の重要性を型通りかつ名目的に認めるのではなく、政府や他の国家システムにとって高等教育は戦略的にもっとも重要な課題であるという考え方へと変化した。

『我々の大学：オーストラリアの未来を支えるために』という報告書では、高等教育における教育や学習の卓越性を促進することに新たな力点が置かれている。クラス規模が増大し、教育よりも研究を重視する報奨システムが浸透し、全般的な財源が低迷することによって対立が生じているにもかかわらず、大学は大学教育における革新や質に対するオーストラリアの国際的評価を維持しようと努めている。しかし、今次の改革案において教育や学習の改善に力を入れようという姿勢は、オーストラリアの大学における教育活動の質を新しい段階に導く可能性を有している。

改革による実際の成果として、教育活動の地位を研究活動のそれに匹敵するレベルに向上させることに全国的な観点から焦点を当てた国立高等教育学習・教授研究所（NILTHE）の設置を挙げることができる。

学習及び教育における卓越性は、研究活動上の卓越性を広げることに並行して、オーストラリアの知識システムに対する価値ある貢献として重視されることになろう（Nelson, 2003: 28）。

こうした取組みを補強するために設置されたのが「学習・教授成果基金（Learning and Teaching Performance Fund）」であり、学習や教育活動に対して積極的な戦略的取組みを行った機関を報賞するものである。

(5) 研　究

オーストラリアの大学の研究能力を強化するために、すでに二〇〇一年、国家による科学技術革新に対する三〇億豪ドル（約二、四〇〇億円）の助成増額が計画された。現行の改革案においては、既存の体制の評価及び合理化が強調されている。

5 アジアとオーストラリア：類似と差異

日本では、たとえばアイルランド共和国やポルトガル等の多くの国々と同様、人口変動に伴って変化が要請されている。大学進学を求める学生数が低下し、入学者数は大学定員に等しくなることが予想される。明らかに、日本の高等教育機関は現在の学生集団をめぐって競合することになり、その結果ますます留学生に目を向けるようになるだろう。二〇〇四年実施の改革には国立大学の法人化、機関統合、外部評価が含まれており、それらは国立大学の数の減少をもたらすことになる。学生をめぐる競争が激しさを増すにつれ、大学は学生をめぐるマーケティングからコース設計に至るまでその経営戦略を専門化させていくことになろう。

私たちは、たとえば日本、シンガポール、中国、韓国、ベトナム、香港といった諸国における近年の改革プロセスの類似点と差異点を明らかにするうえで、改革を推進する大学の能力を高めるとともに阻害する要因にも目を向ける必要がある。また、改革に抗してでも守られるべき大学運営の側面も明らかにしなければならない。そのことは長期的に見れば大学の知識経済に対する貢献度を弱めることになるかもしれないが、他方において私たちの社会が有するより広範な社会及び市民的価値を安定させることになろう。

オーストラリアでは、こうした政策を変えることの緊急性や即時性が、改革の初期段階とは異なる段階では意思決定過程に影響を与えている。こうした変化や、それに関連した強調点の変化は、大学が介入主義的な中央集権的政策にますます左右される方向に向かうと一般的には解釈されている。しかしはっきりしないのは、ガバナンスやマネジメントの学内力学によって緊張がどれくらい増幅されるかである。多くの場合、急変する環境に対する大学の当初の反応は、たとえば教育や学習を運営するうえで必要以上に官僚主義的プロセスをとってしまうことである。改革には一定の統制や方向づけは避けられないであろうが、その一方で官僚的な古い手法が依然として力をもつことは容易に想像できるのである。

(1)　公と私の力学及び各機関の多様な使命

オーストラリアと同様、ベトナム、マレーシア、タイといった国々も成長の原動力として様々な形で私事化（privatisation）に取り組むようになった。オーストラリアに私立大学はほとんど存在しないが、授業料の規制緩和への転換や授業料全額負担学生の増加は、高等教育費用に対する私的負担を増大させる方向への動きである。同様に、オーストラリアの大学から多くの多様な営利目的の研究開発組織が誕生してきている現象は、他の諸国の改革の計画や目標にも見ることができる。

シンガポールや香港の高等教育システムに共通する緊急課題は、知識経済の労働市場から生じる需要に対応する能力に関するものである。競争的な世界状況において大学がそれを達成しようとするなら、大学は自らの収入基盤を多様化する能力を身につけなければならない。ところが、最も典型的に見られるのは、大学が事業を展開する自由を得ようとしても政府がその統制権限を放棄しないことである。企業モデル（corporate models）による経営によって効率性がもたらされ、公共サービスの手法に改善が見られるかもしれないが、政府が資金の大部分を供与している限り、ビジネスの世界では障害と見なされてしまうような統制を依然要求し続けることになるだろう。

シンガポールは、政府主導の大学が国家利益に沿って活動している点で、現在のところ成功物語として際立った存在である。教育を他の産業と同じく一つの産業として捉える考え方は確かに定着している。高等教育による人的資源の開発は人材マネジメントの過程として特徴づけることができる。オーストラリアと同じく、シンガポールの貿易産業省が高等教育政策や計画策定に関与していることは、こうした問題が非常に重要で大学に限定されるものではないことを明確に示している。

一九八〇年代後半以降のオーストラリアにおける企業的経営形態をもつ公立大学の出現は、私立大学が重要な位置を占めるアジアの高等教育システムの将来を占ううえでもその意味するところは大きい。「古い」大学と「新しい」大学とを対比して見れば、アジアとオーストラリアの状況の違いがよりわかるであろう。オーストラリアでは多くのアジア諸国に見られるように公私のセクターが分立していないが、古い伝統大学グループと一九九〇年代初めに設立された新大学との間には一種の緊張状態がある。オーストラリアでは、エリート大学グループを選別し世界レベルの大学を作り出そうとする計画に対して、オーストラリア上院委員会は反対を表明している。

過酷な競争の中で、資源の豊かな大学がそれ以外の大学を意図的に踏みつけてしまうような環境を作り出すことによって、不利な立場に置かれた機関は衰退し消滅する事態を招いてしまう。せいぜい一部の大学が「教育活動のみに専念する（teaching-only）」学部レベルの学位製造工場となって細々と生き永らえるかもしれないが、そこでは活気に満ちた学術文化に対する前提条件、すなわち活動的な研究基盤や競争的な資源環境は消失してしまっているだろう（Senate, 2003 : 9）。

このような否定的な結果を他のシステムにおいては容易に認識することができないかもしれない。オーストラリアでも、こうした否定的な見方が必ずしも普遍的に見られるわけではない。自らを国際的な知識経済の一部に位置づけようと努めている政府は共通して、最低一つの世界クラスの大学をもちたいと切望している。大学の有する資産ベースで見ると世界クラスの大学のほとんどが米国に所在する結果になっていることを考えれば、そうした思いはほとんどの政府にとってはもちろん幻想である。エリート機関、基礎機関、それ以外の機関の三層からなる高等教育システムに移行しようとしているシンガポールの動きは、こうした目標に到達することが期待される最も積極的な戦略の典型であると言える。

日本では国内ランキングの順位をめぐる競争が激化するであろう。それとともに成果指標や成果に基づく資源配分の改革が実施されることになろう。「世界クラス」の大学を作ろうと提案するからには、政府と大学の動機は異なっていても、民間的経営手法の導入が一つの鍵となることは確かである（Yonezawa, 2003：22）。

(2) 事業、自治、ガバナンス

機関自治は、持続可能な変化にとっての共通通貨として重要である。大学人に対する公共部門による統制が取り除かれなければ、システム変化が持続的な改革につながる可能性は極めて低いように思われる。香港やシンガポールにおける高等教育の変化は、言うまでもなく公共部門の改革の広い枠組みの一部をなしている。アジアの高等教育システムが大学人の雇用や報酬体系の点で柔軟性をもつかどうかは、世界クラスの地位を獲得しようとする取組みにおいて欠くことのできない要因である。アジア諸国における大学が公共部門としてスタートしたということは、改革に対する対応が大学人と大学との間では極めて異なることを意味している。興味深いことに、オーストラリアの大学人が各大学から雇用されていると見なされるようになったのはわずかここ一〇年のことである。それ以前は、少なくとも伝統大学の理念は同僚制にあり、大学人自身が大学であった。そうした考え方の名残は、労使協定や契約関係が結ばれるようになった今でも残っている。

シンガポール政府が取っている極めて先行的で介入主義的な役割はよく知られており、アカウンタビリティの仕組みと実施方法を明確にしているが、他方で各大学に大幅な自治を与えてきた。ここでも大学改革はより広範な公共部門改革と密接に関係している。シンガポール以上に明瞭である場所は他にないけれども、こうしたケースすべてに共通するのは、自治の拡大、柔軟性、市場に反応する能力が、一般的に言って大学や経済の創造性や革新を育む環境を創出することを前提にしている点である。しかし、大学人が意思決定に参加しなかったり、政府の政策に対して彼らの影響力が働かなかったりすることが、長期的に見て改革の方向性にいかなる影響を及ぼすのかについては明らかではない。確かなのは、厳密な評価プログラムやより厳格な監査メカニズムが、適切な報償システムと合わせて実施されることになれば、教員や研究者の関心の的になるだろうということである。

シンガポールにおける改革はガバナンスや財政を中心に実施されており、そこでは学内における資金配分や人員配置のマネジメントにおいてこれまでよりも大幅な自治が大学に付与されている。シンガポールは、もし優秀で聡明な大学人を惹きつけようとするなら、彼らの給与や労働条件をめぐる市場圧力に対して競争力をもつようにしなければならないことをよく理解している。シンガポール政府は、大学に成果本位の給与や様々なインセンティブを提供する権限を与えてきた。同様に、香港における教員給与の規制緩和は、市場原理を機能させ、それによって大学が一流の大学人をめぐって国際的に競争できるように促すことを意図したものである。一般的に、学生の大学間移動を可能にする柔軟な単位システムを開発することによりシステムの開放へと向かっている。このことは現在のオーストラリア大学の特徴でもあり、大学人の給与は市場メカニズムに基づいており、成果を出せば給与が上がる仕組みとなっている。

シンガポールのような国が、他国から一流の大学研究者や研究センターそのものを受け入れることは可能であるものの、そうした人々が自治の少ない環境下でどの程度仕事ができるのか、さらにどれほどその意思があるのかについては依然検証されていない。シンガポールの地位を確立するために限られた数の世界クラスの大学を誘致することは、大学院教育の質に継続的な影響を与える可能性のある想像力豊かなアプローチである。シンガポールで明らかに進んでいることは、上級管理職や学長・学科長が財政上及び人事上の問題に対する自治を委譲され、今やより大きな自由裁量権限を有するようになっていることである。

(3)　政府と大学の関係

改革が進行中のアジア諸国では、政府や省庁が大学社会との意見交換を重視する比重が異なっている。韓国では、教育人的資源部が「頭脳韓国二一世紀事業（Brain Korea 21）」を大学と相談せずに発表したため反対の声が巻き起こった。同様のことがオーストラリアでも起こる可能性は十分にあったが、オーストラリアの場合は所管大臣が、大学や多くのステークホルダーとの広範な社会的議論を経たうえで改革パッケージを策定するに至った。

二〇〇二年に香港の大学補助金委員会が実施した高等教育の主要なレビューは、教育人的資源省長官が主導したものである。多様化しつつある学生集団からの需要拡大に対応できるように高等教育機関を多様化し、様々な結果をもたらした。大学のガバナンスに関する重要な勧告によって香港は規制緩和の方向にさらに前進し、オーストラリアのように民間部門のマネジメント・モデルに近いものとなった。

香港の大学補助金委員会が、各大学の運営組織が自らのガバナンス及びマネジメントのあり方をレビューすべきであると勧告していることは興味深い。

オーストラリアにおける最近の改革プロセスは、政府と大学の関係に深刻な脅威をもたらしている。改革案を大筋で支持しているある学長でさえ、省庁が裁量権を行使する機会が増えることについて次のように述べている。

こうした権限のすべてが広範な裁量権の名の下で行使され、これまでオーストラリア高等教育で

は見られたことのない種類の介入主義的政権になってしまいかねないと十分に考えられる
(Senate, 2003：18)。

高等教育システム内にそうした不安や抵抗を招来し、改革の必要性を強く支持する人物からも反対されるようなことを、オーストラリア政府はしたと言うのだろうか。改革には基本的に、規制緩和を実施する方法を規定した詳細な事務上の必要条件やガイドラインがつきものである。さらに、こうした要求は同時に、以前は全く規定されていなかった大学の業務に対して所管大臣が裁量権を行使し介入する機会を許した。おそらくオーストラリアにおいて政府介入が強まる傾向を最も顕著に示しているのは、どのコースに資金配分するかについて所管大臣に裁量権を与えようという政府の考え方である。それはつまり、どのコースが資金を配分するに足る魅力をもっているかではなく、現職の大臣がそれ以外の条件、たとえばイデオロギーに基づいてある科目やコースが不適切であると決定するやり方に道を開くものである。そうなれば、オーストラリアの大学や大学人にとって自治の本質的部分が攻撃されることとなる。

(4)　質・教育・学生経験

いくつかのアジア諸国における改革論議に不足しているのは、学生の経験と学生が自らの学習計画を立てる方法の急速な変化に焦点を当てて検討する作業である。多くの国の政策立案者は、学生が高等教育への進学から卒業へと秩序だった進路を進んでいくという考えに固執している。オーストラリアでは消費者としての学生が出現したことで、高等教育機関によるコースの設置と提供、学生経験の扱い方、カリキュラム設計と教授方法のあり方が変化した。コースの設計と提供における柔軟性が一つの商品として見なされるようになっているため、学生の選択が改革の成否を示す重要な指標となっている。

困ったことに、国際的な研究文献における高等教育改革に関する議論の多くは、教育の本質や形態に起こっている諸変化の意味を見落としたり控えめに扱ったりしがちである。実際には、教室で起こっていることは、大学が知識の未来を形成する役割を少なくとも半ば独占していることに正当性を得るうえで重要な要素である。これまでなされてきた「公共財と市場商品」や「大学企業」をめぐる議論はすべて、学生の学習経験の全体的な質を優先的に扱っておらず、それゆえそれは明らかに実質を欠いたものとなっている。政策立案者や研究者には、学生の学習経験の特性や質について再考するという新しく避けられない課題が存在していると言わなければならない。

6　結論：課題と緊張

本稿での議論をまとめると、韓国の「頭脳韓国二一世紀事業」や中国の改革課題は、現在ほぼ普遍的だと見なされるものに倣っていると言える。すなわち以下の通りである。

・機関レベル及び国レベルにおける業績や成果の重視
・大学間における競争的環境の促進
・大学の体系的運営とそのミッションの多様化
・一流研究大学の特定と促進
・研究主導の大学院の導入と、知識経済における専門職やビジネスにおける未来の指導者育成
・科学技術に照準を合わせた資金配分
・統制権限の部分的分権化による機関レベルの自治及びアカウンタビリティの付与
・基本的に研究成果本位の給与と人事面での報奨制度の構築
・資格及び学位の開放的で柔軟なシステムの創出
・国際的な共同プロジェクトの推進
・大学に対する財政基盤の多元化を促す圧力の適用

こうしたテーマは国によって多様性があるが、中心となる原則や前提は本質的に同じものである。

政府主導の改革に対する大学や大学人の反応によって、国の政策意図の行く末が決まることになる。大学や大学人の動機がどれほど改革に協力的であるかがまたもう一つの問題であり、様々な緊張が生じる可能性がある。ここで問わなければならないのは、各国政府が少数の大学に資源を集中することによって研究の質が向上するような環境を、政府の有するインセンティブを用いて創出することが可能かどうかということである。シンガポールにとって機能していることが、日本やとりわけオーストラリアにも機能するということには必ずしもならない。それがオーストラリアの大学の質や人的資源開発に対する国際的評価をさらに高める創造的な緊張なのか否かは、現在全国で展開されている議論の中心的課題である。

……これまでの証拠から判断して疑わしいのは、どの程度まで大学が市場を反映したものでなければならないのか、また大学が会社のように法人とならなければならないのか、さらに各産業の革新・計画・資産管理を支援するうえで大学自身を企業的手法で組織すべきなのかという点である……(Marginson and Considine, 2000 : 5)。

オーストラリアは、独自の歴史的、社会的、地理的要因に由来する基盤を有していたため、外圧への対応にほぼ成功してきた。多くのアジア諸国やヨーロッパ諸国と比較して、オーストラリアのシステムはうまく対処してきたし拡大もしてきた。これは、変化に自ら進んで対応しようとするオーストラリアの国柄によるところが大きい。教育を通して人的資源を開発しようとする国の意思や能力に関して、オーストラリア、米国、カナダがすべて移民計画に大きく依存し、国家形成に必要な技能労働者や専門労働者を受け入れ教育してきたことを思い出してほしい。最近の改革の波は、個人が高等教育から便益を得る機会を生み出すことによって国家形成に貢献するという伝統を基本的に継続させようとするものである。

オーストラリアの大学はおそらく他の西洋諸国ほどには伝統や地域性に制約されていない。それは機関の多様性に関して特に強みがあり、典型的に異質な学生集団に対して柔軟に教育を提供してきた長年の伝統を有するシステムである。ある学長は、政府の改革案を審議した上院委員会に提出した意見書のなかで次のように述べている。

> 私はあまりに無邪気なのかもしれないが、結局のところ我々は、オーストラリアの大学に関する議会決議が二分されるのではなく、砂に筋目を入れる程度に超党派的であってほしいと思う。現在は改革時期なのであり、これから我々はオーストラリアの学生と地域社会にふさわしい世界クラスの高等教育システムを構築することが重要である(Senate, 2003 : 5)。

日本の改革を突き動かしている世界クラスを求める野心は、類似の感情からくる数多くの問題を提起している。オーストラリアにおける近年の高等教育改革をめぐる緊張がたとえ何らかの示唆を与えるにしても、政府が大学の自治を支持しつつ、改革を実現するインセンティブや方法を提供することができるかどうかは明らかではない。

（訳：杉本　和弘）

引用・参考文献

Australian Senate Employment, Workplace Relations and Education References Committee, 2003, *Hacking Australia's Future: Threat to Institutional Autonomy, Academic Freedom and Student Choice in Australian Higher Education,* Parliament House, Canberra.

Marginson, S. and Considine, M., 2000, *The Enterprise University,* Oakleigh: Cambridge University Press.

McInnis, C. and Jensz, F. (in press) "Bachelor/Masters: An Australian perspective," in Schwarz. S. ed., *Universities: Fit for the Future,* Kluwer Press: Netherlands.

Nelson, B., 2000, *Higher Education at the Crossroads: An Overview Paper,* Department of Education, Science and Training, Canberra.

Nelson, B., 2003, *Our Universities: Backing Australia's Future* (Canberra, Commonwealth Government).

Yonezawa, Akiyoshi, 2003, "Making 'World-class Universities': Japan's Experiment," *Higher Education Management and Policy* 15: 2.

Ⅲ　座談会「アジアの高等教育の現状と課題」

平成一六年一一月二八日

参加者一覧（発言順、肩書きは当時）
馬越　徹（司会：桜美林大学大学院教授）
坂本和一（学校法人立命館副総長）
中山慶子（静岡県立大学国際関係学部教授）
末廣　昭（東京大学社会科学研究所教授）
影山敦彦（㈶静岡総合研究機構主任研究員）

アジアとのかかわり

【馬越（司会）】　私は本日、昨年のフォーラムの企画に多少かかわりました関係で、司会をさせていただきます。

フォーラムではご存じのように、五本の基調報告がありました。東アジアから中国、韓国、東南アジアからタイ、マレーシアです。それから太平洋地域からオーストラリア計五本の基調報告をいただきました。本日はその基調報告を念頭に、自由な形で先生方のお考えも交えてご議論いただき、現在ダイナミックに変わりつつあるアジア・太平洋地域の高等教育の現状と問題点について活発なご議論をお願いいしたい。

まず最初に自己紹介を兼ね、先生方のアジア・太平洋地域とのかかわり、あるいはその地域の高等教育とのかかわりについて簡単にご紹介をいただけますか。

【坂本】　立命館の坂本です。私が去年のフォーラムやこの座談会にお招きいただきましたのは、私が、学校法人立命館が大分県との協力で別府につくった立命館アジア太平洋大学ＡＰＵの開設準備責任者と、二〇〇〇年四月の開設から、二〇〇四年の三月まで四年間学長を務めたということで、そのところから見えてくるものが何であるかということを明らかにせよということではないかと思っています。

私自身の専門は経済学、最近は経営学をやっております。しかし仕事柄大学経営論をやっているみたいなところがありますが、このＡＰＵをつくるという過程で、特にアジア・太平洋地域の中で日本の大学がおかれている状況について随分いろいろな問題を肌身に感じて勉強いたしました。

勉強したことの一つは、日本の大学がアジアの中でも、そんな大きな存在感を持っているわけではないということです。このことを改めて認識させられる局面に立って、日本の大学はやはり内弁慶ではだめなんじゃないかという思いを非常に強くしました。

第二に、日本への留学生がこの間一一万人ぐらいにはなりましたけれど、ご承知のように彼らのほとんどはアジアからの学生です。しかし、アジアから海外へ向かう留学生たちの全体の流れの中で、日本は本当に留学生を受け入れるという点で世界の中で優位に立ち得ているのかということになりますと、かなり厳しい感じを持ちました。残念ながら、アジアからの海外留学生の特に優秀層の圧倒的な部分は合衆国やカナダ、オーストラリア、ヨーロッパ諸国に向かっているからです。

また、数は一一万人になりましたが、世界各国の留学生受け入れ状況を見ますと、日本の高等教育の留学生比率はまだまだ低位です。文部科学省のデータによれば、日本の比率は二・六%ですが、合衆国六・四%、イギリス一七・八%、ドイツ一〇・四%、フランス六・七%、オーストラリア一四・八%ということですから、日本の二・六%は小さいんですね。ですから、留学生が増えた増えたと言っていますけれど、私はその中身についても、あるいは高等教育の中での比率からいっても、やはりまだまだ満足すべきではないんじゃないかという思いがあります。

第三に、日本の大学は今、非常に大きな改革の最中にありますけれど、国公立、私立を問わず、日本の大学の改革をどうするかということは、国内的な視野だけではなくて、やはり何よりも国際的な視野で進めないといけないのではないかという思いを強く持っています。

【中山】　私は本来の専門は教育社会学の中のマクロな分野で、教育システム論です。現在は、静岡県立大学の国際関係学部に勤務しています。

アジアとのかかわりということになりますと、静岡・アジア学術フォーラムを予算化する企画にかかわりましたが、正直言いましてアジアについてそれほどの知識があったわけではないんです。実際に東南アジアのほうはあまり行ったことがなくて、行ったことがあるのは東アジアぐらいです。

静岡学術フォーラムの案を考えたとき、私の大学が浙江大学（旧杭州大学）と姉妹校でしたので、今回もスピーカーをお呼びしていますし、中国との交流を通じて、アジアについてのイメージをつくっているといったところです。

私の専門の、研究のほうで言いますと、私は産業化、近代化のラグの問題を研究してきました。ある時期、ダニエル・ベルのところでその研究をやっておりまして、そのとき、アメリカとキューバ、ハイチのデータを調べていて、ロケーション・ラグという概念を見つけました。

例えば日本がある程度アジアの国でありながら近代化・産業化に一歩先んじて進めた原因として、ロケーション・ラグという概念を使って説明ができないものかと考えているところです。韓国とか台湾とか中国とか、中国は国交がどうであるにしろ、その辺の国というのは、もっと遠い国、インドネシアとか、あの辺に比べるとまた別の効果がいろいろあるだろうというような観点からデータをいじり続けてはきていたんです。

そんなようなことをやっておりましたので、いろいろな観点からアジアに興味を持ち続けてきたというところです。

【末廣】　東京大学社会科学研究所の末廣です。

私はタイを中心にこれまで大体三〇年間ぐらい、アジアの政治経済、社会の研究を続けておりまして、産業とか企業経営、労働市場、経済政策といった分野がテーマです。最近はアジアの社会保障制度と企業内福祉について調査をしております。

少し教育とのかかわりを述べさせていただきますと、実は七年前に日本のある銀行がつくった人材育成資金財団のタイ向け教育支援の事業に参加しました。これはスポーツ用具と教材を東北タイの小・中学校や高校に毎年三〇校ずつ選んで送るというもので、事業のモニタリングのために毎年一〇日間ずつ、東北タイに行って支給校を見て回っているわけです。これまで一八〇校に送ったんですが、そのうち、私は四四校を見学しました。同時に教育委員会とか、地方の大学も訪問しておりまして、地方の教育現場を視察するようになったわけです。大体一回の旅行で三、〇〇〇キロを超える距離を移動しますので、普通ではなかなか行けない僻地の学校も見ることができました。

現在、タイは一九九九年の国家教育法制定の後、大がかりな教育改革をやっているわけですが、バンコクで議論されている教育改革と、私が見ている地方の教育の現場のギャップがあまりに大きい。それが、きょうの一つのテーマになるかと思います。

それからもう一つの教育とのかかわりは、私は二〇〇一年から国際協力機構（ＪＩＣＡ）のタイ向け

ODA支援委員会、あるいはタイ向けODA研究会の主査を務めてまいりまして、二〇〇四年からは日本政府のタイ向けODA（協力）実行計画の責任者に任命されています。日本のタイ向け技術協力、経済協力の柱の一つになり得る高等教育向け支援をどうするかということで、それに対するプランづくりとか、これまでの協力のモニタリングをしなきゃいけない。そういうことで、教育との縁が深くなってきました。それから最後に私の所属している東京大学もアジアの大学と結構提携していますが、そのモニタリング委員も今年からやることになっております。

【馬越】　どうもありがとうございました。

私は今日、司会ですが、一応討論者を兼ねていますので、自己紹介をさせていただきます。私は教育の比較研究をやっておりまして、最近は高等教育を中心に、日本を含む東アジア（日本、朝鮮半島、中国）近代化と教育文化の変容の関係について研究をしております。

新千年紀が始まった二〇〇〇年から一年間、ソウル大学の客員教授として、悪戦苦闘をしながら学生相手に教育経験をいたしました。専門とする地域は東アジアですが、東南アジアや太平洋地域にも関心を持っており、最近『アジア・オセアニアの高等教育』という本を編集しました。

それでは今日の討論者の最後に、フォーラムの企画者であります静岡総研の影山さんから、簡単な自己紹介とフォーラムの目的と構想などについてお話し願います。

【影山】　今回アジア・太平洋の高等教育というテーマで「静岡アジア・太平洋学術フォーラム」を

開催するに至った経緯などについてお話をさせていただきます。

平成七年から静岡県でアジア・太平洋フォーラムをスタートしているわけですけれども、これからのアジアを考えるうえで、未だ取り組んでいないテーマを竹内宏委員長を中心に検討している中で、環境の問題があったり、都市問題があったりするわけですが、大切なのは人材育成、つまり教育の問題ではないかということになりました。ただ、教育全体をテーマにするのはちょっと広過ぎますし、初等教育から考えるか、高等教育から考えるか議論がありました。そこでまず高等教育を考えてみようじゃないかということになりました。ちょうど国立大学の独立法人化をはじめ、大学改革の必要性が一段と叫ばれるようになってきたという背景もございます。

そしてアジアの高等教育について、文献を調べたり先生方にお話を聞いたりして勉強していきましたら、日本が改革改革と言っていますけれど、逆にアジアの国々のほうが、改革としては進んでいるのではないか、民営化や国際化といった問題では、日本のほうが遅れをとっているのではないかという問題意識を持つようになりました。

今回のフォーラムで発表していただいた先生方の話にもありましたが、中国の二一一工程や、韓国のBK21を日本のCOEよりも先んじてやっていますし、マレーシアの大学民営化、タイの大学における質保証制度のように、かなり先進的な改革が進んでいるようです。こうした現状の把握と今後の方向性について、先生方に議論していただくということになりました。従いまして、今回のフォーラムの論点は主に次の二つと考えました。

一つは、まず議論のベースとしてアジアの高等教育がおかれている歴史的経緯、植民地時代から戦後、特にアメリカから受けた影響などについて議論していただくということでした。

もう一つは、アジア各国でいま行われている大学改革の内容をしっかり分析したうえで、大学本来の役割の一つであります人材育成について議論していただくということでした。また、こうした論点を踏まえて、アジアと日本の高等教育の未来像というようなものが描ければいいなということで、このような企画になった次第です。何卒よろしくお願いいたします。

大学の拡大と学生の勉学意欲

【馬越】　どうもありがとうございました。

それでは、これからいくつかの問題につきまして討論を始めたいと思います。まず最初は九〇年代以降、アジアで起こっている高等教育の大きな変化についてみますと、何といっても規模が飛躍的に拡大してきたということが挙げられると思います。

第二次大戦後アジアの国が最も力を入れたのは初等教育であり、その成果がなかなか中等教育にまで波及しなかったのですけれども、八〇年代以降になって社会経済の発展とともに、中等教育もかなり拡大を見せ始めます。その延長線上において、社会経済の変動とともに冷戦の崩壊にともなう政治的安定化の中で、高等教育の普及が加速してきたと言えます。アジアでも高等教育の大衆化時代に入ったと言えます。

従いまして、まず最初に先生方が関係している地域や国を概観して、高等教育の拡大現象をどう見るか、同時に拡大にともなって出てきている問題点についても議論していただきたい。

言うまでもなく、アジアは非常に多様でして、国の規模も巨大国家からマクロのステーツまであり、一国内にも都市部と農村部の格差の問題、さらにはエスニックな面でのバランスの問題等、非常に多様です。末廣先生からお願いできませんでしょうか。

【末廣】　それでは最初にタイの現状をご紹介したいと思います。タイ政府は一九九〇年代に、教育政策の面で三つの方針をとってきました。まず一つめは八〇年代後半にタイは中学への進学率が三〇%ということで、世界銀行からアジアの中の「教育後進国」という非常に不名誉なレッテルを貼られた経緯があります。この汚名を返上するために、小学校の中に中学校を併設するという形の改革を行い、いまでは中学の進学率は九五%を超えています。

二つめが高等教育の拡充、特に地方への大学教育の拡充を重視しています。数字を挙げますと、一九七〇年当時、大学の数は九校、すべて国立で学生数が五万五、〇〇〇人ですから、学齢人口六〇〇万人の一%にも満たなかった。それが八八年に三七校で七〇万人、二〇〇二年になると大学の数が一五七校で、在籍数が一七〇万人にまで増加しました。学齢人口を五七〇万人としますと、就学率は実に三〇%になる。従いましてタイが、教育後進国だというイメージはもう改めなければいけない。むしろ私は、タイには大学が多過ぎるという印象を持っています。

三番目が九〇年から始まった国立大学の法人化、いわゆるオートノマス・ユニバーシティ化でありまして、東北タイのスラナリ工業大学を皮切りにして、現在、六校が法人化をしています。

このような大学大衆化の大きな核になったのは、今まで私立であったカレッジを総合大学に格上げした面もあるのですが、一番大きな点は二年制の教員養成学校(ウィタヤーライ・クルー)を四年制の地域総合大学(サターバン・ラーチャパット)に格上げしたことを挙げることができます。七六県のうち、四一カ所にこの種の大学があります。ところが急速に大学を増やしたことにより労働市場とのミスマッチという問題が起きています。

【馬越】　いま、東南アジアのタイの高等教育についての紹介があったのですが、中山先生からマクロな観点からの発言がございましたらお願いします。

【中山】　東アジアも東南アジアも同じだと思うのですが、大学へ行こうとしている学生たちの動機づけの強さとかエネルギーというのはすごくあって、彼らは大学卒という付加価値をつければ社会で上昇移動できるという信念みたいなものを持っていると思うんですね。

私の大学には中国と韓国の留学生がたくさん来ています。彼らと日本の学生との温度差が激しいんです。日本の学生は、よく言えばおとなしいというんですか、自己抑制的な感じで、大して夢も持っていない。他方、ここを出たらアメリカの大学院に行きたいという夢や希望を持っているのはみんな中国とか韓国の留学生なんです。

その差がすごくありまして、マクロデータから見ますと、やはり日本の場合も、四〇年前（一九六〇年代）の産業レベルが低かったときには、学生たちは夢もあった。当時は学生運動が起きたりいろいろなことがありましたけど、今の学生はそういう強いエネルギーがなく、仕方なく大学に来ているような感じがある。このような大衆化の後にやってくる、日本がいま抱えている問題がおそらく少し遅れてアジアの国にも起きてくるのではないかと思っています。

【馬越】　勉学への動機づけは留学生のほうが高いということですね。確かに日本の学生に比べますと、高いと思います。しかしさっき坂本先生は日本に来る留学生を、アジアから世界に行く留学生の中で相対化してみなきゃいけないというようなお話だったかと思うのですが、たくさんの留学生を見てこられた坂本先生からごらんになるといかがですか。

【坂本】　データがあるわけでなく勘の話ですが、アジア地域の国々の高等教育の爆発というのは、もうはるかに国境を越えているという特色があります。

それが日本と大分違うところで、日本は国内の進学率が上がったといっても国内での話です。ところがアジア諸国での進学率の高まりは、国内の大学もそうだけれど、合衆国やヨーロッパやオーストラリアに向かっているのです。このようなアジアから海外へ向かう高等教育を求める層をどこが吸収するのかというと、やっぱり欧米の国々、特に合衆国やイギリスであって、日本はその中にあってどれだけ優位に立てているのか、よく考えてみなければなりません。実際日本に来ている留学生の約八割は中国と韓国と台湾からです。それでは中国や韓国や台湾の学生たちの主力が日本へ来ているかというと全然違っていて、やっぱり英語ができる層は日本へ来ないわけです。彼らはみんな合衆国やオーストラリアに行っているわけです。最近はベトナムの学生もそうですね。そんな状況になってきている中で、日本の大学がやはり留学生の人材をどこまで吸収でき得ているのかということをもう少し正確に評価しないといけないと私は思っています。

このようなアジアの高等教育の爆発と、そこでの若者の国境を越えた動きの中で、彼らを日本にどこまで誘導できているのかという問題は、留学生問題を見るときにかなり重要ではないかと思います。そういう学生は相当に勉学意欲も高いですね。ですから、そういう留学生の勉学意欲とそれが日本の学生に与える影響との関係をもう少し分析する必要があると思います。

【馬越】　この学習意欲の問題は中山先生のおっしゃった社会経済の発展との関係性があり、しかもラグの問題があるので、非常に興味深く難しいテーマでもあります。いずれにしても、アジアからの留学生は日本の学生に比較して非常に活力があり、学習意欲があるということですね。

大卒者と労働市場のミスマッチ

【馬越】 それでは次に、先ほど末廣先生がおっしゃった拡大の中でのさまざまなミスマッチの問題に話を戻したい。さっき末廣先生からタイに大学が多過ぎるのではないかというようなご指摘がありました。実はロナルド・ドアーさんは『The Diploma disease（学歴病）』という本の中で、後発国が国づくりを始めた際、経済よりも政治の原理を優先したことを指摘しています。つまり「民主化」という政治原理が優先されたため、民主的な教育の制度化が進み、経済需要を上回る教育供給が生じたというのです。

つまり、教育の機会拡大政策が、無条件的に初等教育から高等教育までとられてきた。その結果がおそらくこういう過激な形の大卒供給過剰の現象につながっているのかもしれません。しかし、そうは言っても、政策展開の結果としてこのようになっているわけですから、拡大現象にともなって生じている問題点をアジアの各国がどう考えているのかについて論じていただきたいと思います。

【末廣】 まずご紹介しておきたいのは、タイで高等教育の拡大が、なぜ可能だったのかということなんです。意外と知られていないのですが、タイは九六年から国家が育英資金を出しております。この金額は九六年から現在までで一、八五〇億バーツですから、当時の為替レートで言えば、八、〇〇〇億円近くに達している。二〇〇四年も大体一、〇〇〇億円出して、二三〇万人がこれを利用している。

ですから農民の子どもでも大学に行けるようになった。こういう政府による努力は高く評価すべきだろうと思います。

ところが去年、私はサゴンナコンというラオスの国境に近い一一〇万人の県に行ったのですが、そこにはもうすでに三つの大学があって、先ほど言いました教員養成学校から大きくなったラーチャパット大学には八、五〇〇人の学生が在籍しているわけです。ところがその県に二〇〇人以上の従業員を雇っている製造工場は一つもない。商業銀行の支店もなければ、生命保険会社の支店もない。つまり大学卒業の学歴に見合った職場を県内に見つけることはほとんど不可能なんです。それでは、彼らがバンコクに行って求職活動をやって、学歴に見合った職が見つかるかというと、バンコクのチュラーロンコン大学やタマサート大学といった「有名銘柄大学」と競争できない。逆に会社や企業の側から見れば、旋盤もさわったことのない地方総合大学の工学部の学生よりは、旋盤を実習で習ってきた職業学校の高卒のほうを歓迎し、大卒の雇用を避ける。教育省はとにかく高度化路線を進めようとしていますが、企業のほうは二〇年前の人事管理制度（格付け）に基づいて経営をやっていますので、大学生が一％のときと同じような仕組みのままです。

タイには大学が多過ぎるという発言の意味は、学歴に見合った労働市場や人事管理制度がまだ整備されていないということです。従いまして、企業の側や産業の側が早急に労働市場の仕組みを変えていかないと、毎年大量に出てくる大学生を吸収できない。意欲があって大学に入ったけど、求職活動のところで意欲をそがれるという高学歴失業問題にぶつかるのではないかと思っているんです。

【馬越】　日本の場合、例えば公務員になる場合に、かつて高卒学歴の者が採用されていた中級職に大卒者がどんどん入っていくようになったように、つまり大卒労働市場の質そのものが変わっていくということは、タイの場合考えられないんでしょうか。やっぱり大卒者は特定の職種というものにどうしてもこだわるというようなことがあるんでしょうか。もしそうであれば、ミスマッチは今後ますます大きくなると思うんですね。新しいマーケットに大卒者が行く可能性はどうなんでしょうか。

企業が求める人材と大学教育

【末廣】　その問題と関連して、タイで非常に興味深い現象が起きています。政府の自由化政策の方針にともなって、民間企業とか銀行も教育産業に入れるようになった。英語教育とかＩＴ教育は大学よりは民間企業がより熱心で、そういう学校を優秀な教師とともに提供している。一方、つくり過ぎた大学の中には、学生の質もさることながら、教える先生もいなければ、十分な教材や設備のない大学も増えてきているわけです。どうしてもカリキュラムの質が悪くなる。今後は、マーケットに教育サービスを供給するのは大学だけではなくて、むしろ民間企業が運営するコンピューター学校とか英語学校なんかが増えてくる可能性は高いですね。

【馬越】　要するに、拡大した大学はマーケットが求める人材を本当に育てることができているかどうかという問題ですね。これは日本の問題でもありますが、同時にアジアの大学においても、企業なりマーケット、つまり需要サイドが求めている人材を、直接的には専門教育であったり職業教育であったりしますけれども、もっと大きく言えば教養教育も含めまして、アジアの大学は社会が求める人材を供給できるかということが問われていると思います。

【坂本】　こんなケースがあるんです。日本の企業は上海はじめ中国の主要都市にたくさん出ていますね。それらの企業は、求人のために上海なら上海の有力な大学を、ひっきりなしに訪れているそうです。僕がおととい会った上海交通大学の副学長によれば、日本の企業は人材が欲しいと毎日来ているそうです。その場合企業が欲しいのは、日本語ができて日本的心を持っている人材のようです。もう一つの要素は理系であることです。上海交通大学は、有名な工科系大学ですから、ものすごい求人が来るようです。

ところがそういう人材は自分のところでは今まで育てられていないと副学長は言っていました。理工系の人材はいるけれども、日本というものを心得ている人材はなかなか育っていない。そういう意味での協力関係ができないかという話なんです。要するに日本企業は中国人の人材が欲しいんだけど、それに合うような人材を中国自身がなかなか供給できない。理工系卒業者は多いにもかかわらず、なかなか人材が手に入らないので、日本企業は大変困っているらしい。

【末廣】　ただ中国の場合、人材市場と呼ばれる登録制が非常に進んでいると思います。ところが理工系の場合は、政府が決めたトップテンの大学以外はネット上で自分を売り込むことができないという規制があるわけです。中国の人材市場というのは開かれてはいるが、その中で明らかに銘柄主義で格差をつけて、トップテンに入らなければ、ネットで自分の経歴や成績もアッピールできないというようなことが起きている。

【坂本】　だから日本企業もトップテンのところに行って、人を欲しがるわけです。だけど、それがなかなか手に入らなくて、日本企業は苦労しているようであると、中国人大学関係者が言うわけです。

【馬越】　末廣先生にお尋ねしたいのは、さきほど都市と農村の話をなさいましたが、地場産業が大卒をどれぐらい吸収できるのかという問題と、吸収されなかった人たちが流動人口として、大都市に流れ込む問題がありますね。それはタイだけでなく、例えば韓国でもソウル集中傾向というのがありますし、中国の場合も沿岸都市集中の問題があります。この問題への解決の可能性はありますか。

【末廣】　おそらく三つぐらいの可能性があると思います。第一は製造業を中心に考えるのはやめて、例えば知識集約型の農業、つまり環境と共生するための農業をやれば相当科学的な知識が要る。このような新しい農業には大卒の農民が出てきてもいいわけです。第二は新しいタイプのサービス産業を国内でつくる。第三には多分ＩＴを使った自営業、そういうところで雇用をつくり出しながら、同時に高学歴化した人たちの新しい労働市場をつくり出すことでしょうね。ですから、今のマーケットで吸収するよりは、新たな分野をつくっていくというほうが、多分ミスマッチ解消にはプラスになるのではないかという意見を私は持っています。

【坂本】　まだアジアの国ではソフト系の産業が十分に育っていない。むしろものづくりに人が要る。しかもローテクに人が要るというときに、しかし大学サイドはソフト系の人材を供給しようとしているという側面があるのでしょうね。

日本の場合もミスマッチを起こしている。このところ理数離れがあるでしょう。理数系のレベルをきちっと整えてグレードアップして教育していくのはなかなか大変です。ところが理数系の受験人口は減る、いい人材を確保するのは大変だと思う。また文系の人材は相当送り出しているけれど、このところ就職状況を見ていますと、国際性のある教育を文系が本当にやって、地球上どこでも使えるような人間を育てているかというと、そうでもない。みんなローカルにおさまりたいというような心持ちの人材だけを供給しているのではないか。これも、ミスマッチの一例です。

【馬越】　このミスマッチ問題というのは本当に大きいですね。ただ、どこの政府も教育を受ける権利を保障する政策をとっていますので、結局、拡大路線になる。例えばタイのスコタイ・タマチラート・オープン・ユニバーシティーの例にしてもそうですし、ラムカムヘン大学のオープン・アドミッション方式もすべて拡大政策です。このようなタイプの大学は韓国にも台湾にも、そしてインドネシアにもできていますね。高等教育の機会拡大政策はすべての国がとっているのですが、それはマーケットを必ずしも意識して政策展開をしているわけではありませんから、解決の方程式があるのかどうか非常に難しいですね。

その意味で、経済の調子がいいときはいいんですけれども、例えば九七年のアジア通貨危機のようなものがひとたび起こりますと、その調整に非常に手間どる。高等教育人材を市場がどう吸収するかという点で、アジアはまだ弱いのではないかと思います。

グローバリゼーションと大学の市場化

【馬越】　それでは次の課題に移りたいといいます。それはグローバリゼーションが進展する中で、アジア各国の大学改革の問題です。

例えば、マレーシアの話があまり出ていませんので申しますと、あそこはマハティール首相の長期政権のもとで、いわゆるマレー人を主人公にした国づくり（ブミプトラ政策）を目指した。またルック・イースト政策の評価はいろいろあり得るでしょうが、少なくともルック・ウエストであった国をルック・イーストに転換し、それをブミプトラ政策とセットにしてやってきたわけです。ですからマレー語を初等教育から大学教育まで用いるという一種のナショナリズム路線をとってきました。ところがここに来て、やはり英語教育の重要性が叫ばれ始め、いわゆるＩＴ教育も盛んになってきている。その背景には、グローバリゼーションの問題がある。

大学の組織改革についても、パブリック・セクターについて言えば、独立後かなりの間は各国とも国家の威信をかけて、シンボルとしての国立大学をつくってきました。ところがグローバル時代になるとその効率性の悪さ、競争力の低さに批判が集中し、国立大学のオートノマス化（自治化または法人化）がタイ、マレーシア、シンガポール、インドネシア、つまりアジア全域で起こっています。韓国は政権が変わって少々足ぶみしているけれど、もともと国立大学の法人化への動きは日本よりも早かったのです。一九九七年のＩＭＦショックで政府は、国立大学改革に本腰になりました。この動きもグローバリゼーションと無関係ではありません。

もう一つ、アジアの高等教育の特色になっているのが、高等教育拡大を支えてきたプライベート・セクター、つまり巨大な私立大学セクターの存在です。日本や韓国やフィリピンはもう二、三〇年前から私立大学の占める割合が高かったのですが、他のアジア諸国でも私立セクターが劇的に拡大している。マレーシアのようにほとんどゼロであった国がいまや二百数十校の私立大学が新設されるようなご時世になり、社会主義国の中国やベトナムでも民営大学、民弁大学と称する私学セクターが登場しており、大学の設置形態に大きな変化が起こっています。このことが同時に私立大学の質保証（クオリティー・アシュアランス）のシステムをどうつくるかという問題として提起されています。

グローバリゼーションとの関係でもう一つ重要なのは高等教育の高度化の問題です。特にこれは研究面で、ＣＯＥ（センター・オブ・エクセレンス）をどうつくるかというテーマにつながってきます。（以上のような）事柄がアジアの各国で同時進行していますので、どこからでも結構ですので、発言を願います。

【中山】　どことも関係なさそうなことだけなんですが、大学改革を論議すると、科学の基礎論のような部分はどんどんそぎ落とされて、即戦力というところに話が行きます。私の大学の大学経営協議会でも、薬学分野の改革を議論する際、薬学の本質じゃなくて、すぐ売れるお茶のようなテーマはないかという話になる。産学協同して地域と連携をしながら、学問的成果を一緒にどんどん表に出せば、県立大学らしい地元産業振興とレベルアップにつながるとかいう言い方があるわけですけど、ちょっと頭をかしげるところがあるわけです。

ただ日本の場合は産業化が軌道に乗る前に、ドイツ型の学問が大学に入ってきた伝統がある。それが残っているから、逆に法人化しても教育改革が進まずに、必要のない人材をつくっている面があります。その点アジアの大学は、目標がバンと出るとぱっと飛びつく。コンピューターやカスタマー・サティスファクションの考え方をアメリカから直輸入してやっている。日本がかつてＯＪＴでやっていた部分をアジアの大学ではやっている。法人化していけば、ますますその傾向が強くなります。しかしこの方法は持続性はないので、要らなくなると一〇年もたたないうちにカリキュラムを全廃して、また別の科目をつくることになる。この間までイタリアン・レストランだったものがアジアン・レストランに変身する。大学もそれに近くなってきた。

【末廣】　中山先生がおっしゃることはよくわかりますね。チュラーロンコン大学も法人化プロセスに入っている。その過程で効率性は確かに上がってきていますが、授業料を自由に設定できる科目は、やっぱり外から学生を集めないといけないので、どうしても特定の分野に限られてくるわけですね。いま起きている事態は人文科学系が日本と同じように後退して、人が呼べる競争資金を取り込める分野で法人化が先行していっている。それが長期的に見たときに、人材育成につながっていくのかどうかということですね。

それと並行して私が危機感を持っていますのが、アジアにおける日本のプレゼンスの低下です。例えばタイのトップクラスの理工系の大卒だと、次のステップは実学重視の日本の大学に行くのではなくて、北京の大学で情報技術関係の勉強をするという現象も始まっています。つまり即戦力の学歴を求めるとなると、中国のほうがより早く Ph.D. がとれる。このような動きが起きているのかなと思っています。

【馬越】　やはり大学改革が、市場原理でなされるとヒューマニティーズ（人文学）のところがかなり打撃を受けるというのは、サッチャー改革で証明済みですね。

アジアの大学は伝統的にヒューマニティーズが強かった。また官吏養成が大学の重要な役割であった。ところが公共部門の需要は限られていますので、市場原理で大学改革が進むと、需要に即応できるような人材養成に流れる傾向が多分にあります。アジアの大学は、日本の大学以上にそれが顕著だと思います。

ＩＴと英語力

【末廣】　自由化の中で、私は教育が産業化しつつあるのではないかと思います。ごく最近まで国家は、近代化のための基礎として教育に公的資金を投入するのが当然という立場をとっていたのが、自由化の中で教育のマーケッタイゼーションというか、市場化が進んでいる。その結果、何か非常に大事なものが抜けていくという構図じゃないかと思うんです。

坂本先生に伺いたいのですが、ＡＰＵに七四カ国から学生さんが来ているという話を聞いてびっくりしたんですが、アジアの中の大学が国際化するときに、どうやって相互にコミュニケーションをするかという、基本的な問題です。日本では最近、国際共通語は英語以外にないという考え方が強くなっていると思います。しかし場合によっては、マンダリン（中国語）がこれから入ってくるかもしれません。その一方で、八〇年代から九〇年代初めまではフィリピンもマレーシアもタイも、現地語を重視したと思うんです。ところが先ほど馬越先生がおっしゃったように、このところ風向きが変わってきた。マレーシアの国民大学は八五年に私が行ったとき、英語は一切なかったのです。ところが今回はほとんどが英語でしたね。マレー語が消えていく。それでアジアの中での国際的な交流をするときに、言語というものをどう考えたらいいか、つまり英語を通じてでしか国際化できないのかどうか、という点をお聞きしたい。

【坂本】　今はやっぱり各国が英語で情報を公開しているわけですから、それは仕方がないと思います。日本語で国際化を進めたいという思いはあるが、日本語でそれができるかというとなかなか簡単ではない。中国語のほうは普及力はあるんでしょうけども。

ＩＴ化の問題も英語能力とセットで考える必要があるんです。いま、日本でもＩＴ人材の世界ではインドや中国の人材が日本の人材を相当圧迫している。だからＳＥの失業が出てきている。それは彼らのほうが英語による発信能力が高いからです。開発能力が高いこともあるけど、特にインド人は英語能力をベースとしているので、日本人は頑張ってもなかなか追いつけない。だから私は大学のＩＴ化問題も、英語力と一体として、議論しないと意味がないと言っています。私たちが彼らに対抗するには、まず英語力を上げることが必要じゃないかと思っています。

【馬越】　アジア・太平洋地域全体を考えますと、植民地時代の遺産としてのいわばアジア英語圏のようなものがあって、アジアの多くの国では日本より英語に対するアレルギーが少ないんだろうと思います。しかもそこにオーストラリア、ニュージーランドがオフショア・プログラムだとか、いろいろな形で攻勢をかけてきて、英語化を加速させている。

【坂本】　特にイギリスを宗主国にしていた国々には英語が根づいていますね。

【馬越】　マレーシアのように国語化（マレー語化）政策をやってきた国でも、割に早い期間で英語に転換できるんですね。その点すぐにはやれそうにないのは、国語化政策に成功したインドネシアです。日本も明治期に標準日本語による教育が確立したので、英語の問題への対応には逆に苦労している。

【中山】　英語教育とＩＴというのは別物じゃない。コンピューターのいいソフトはほとんど英語です。ところが日本では小学生がコンピューターを使いこなしても、全部日本語の概念で構図されていて、外国と何かやるというときには、改めて英語を勉強しなきゃいけないんです。けど、最初からマックならマックを使いますと、意味はわからないけど、ファミコンと同じで、子どもたちはこれをクリックすれば何だか知らないけどこれだというふうに思い込んで使っちゃいますよね。だからコンピューターの種類が別にマックでなくてもいいんですけど、アメリカの会社のものをたくさん使えば使うほど、バーコードが英語で出ている。だから、ＩＴと英語教育は一体で考えたほうがいい。

【坂本】　ただ留学生が日本で就職するとなると日本語がトレーニングされていないと、日本企業はまず受け入れてくれないですね。日本のコミュニティーでは使えないから。しかし日本語が使えて、母国語が使えるだけではやっぱりだめだというので、英語のベースがあるかどうかがもう一つの判断基準になるようです。中国人であれ、タイ人であれ、母国語はみんなもちろんできるわけですが、それに国際活動の道具としての英語ができ、さらに日本社会で仕事ができるぐらいの日本語ができる。この三つのコミュニケーション能力があるかどうかが、留学生が日本企業に就職する決め手だと思います。

立命館のＡＰＵの留学生は、現在の日本の大学では例外と言ってもよいほど就職が良好なのですが、それはその点で優位性を持っているからでしょう。

【馬越】　日本ではいろいろな審議会で英語の重要性を提言しても、小学校段階での英語教育はなかなか始まらない。東南アジアはもちろんですが、東アジアの国（韓国や中国）のほうが日本よりスピーディーです。韓国では小学校での英語教育を始めて約一〇年になりますが、相当の差をつけられてしまった。日本では小学校段階での外国語教育に非常に懐疑的ですけれども、アジアの国はもともと多人種、多言語国家ですから、第二言語が何らかの形で必要です。英語もその一つですから、英語への寛容度が高い。この点では日本のほうが立ち遅れているという感じを非常に受けるんです。日本人学生の英語力とアジア人留学生の英語力とを比べていかがですか。

【坂本】　実際上、そのギャップはかなりある。だからＡＰＵでは卒業のときに英語系列の授業と、日本語系列の授業を何割とらなければ卒業させないと定めているわけです。そうしないと、日本人学生は日本語のほうに流れる。

【馬越】　例えば韓国の一部の大学では、国際的な英語のテスト・スコア（例えばＴＯＥＦＬ）を卒業要件に入れ始めています。ＴＯＥＦＬスコアの平均点が日本はアジアの中でビリから数えたほうが早いと批判されていますが、日本の大学では、最近やっとTOEFLやTOEICで一定以上の点数をとれば英語の単位として認めようという段階ですね。

【坂本】　APUでは五五〇点を基準にしようという方向で準備を始めています。東京でもいくつかの国際性の進んだ大学の特定学部単位で取り入れていますが、大学全体ではちょっと厳しいのではないでしょうか。小学校からの英語教育の問題はあるでしょうが。今も部分的にはやられている学校もある。やっぱり肝心の大学が本気で英語教育をやらないとだめだと思いますね。口では言うけど大学ではなかなか進まない。

【末廣】　タイ政府も教育の高度化を一生懸命言っていますけれども、例えば私がまわった四四校の小・中・高校のうち、電話が通じているのは四校しかなかったんです。ということはインターネットが使えないということです。いくつかの学校では保護者や卒業生の寄附で設置したコンピューターを使って、小学校一年のときからIT教育を始めたり、英語も始めています。ただ、現実は四四校のうち四校しかインターネットが使えない。にもかかわらず、バンコクの中央省庁の計画(タイ・サーン・プロジェクト)では、二〇〇四年にはすべての小学校はすでにネットでつながっていることになっているんです。

このような政府の計画と実態の間の大きなギャップは、ほかにもいろいろと指摘できます。例えば、チュラーロンコン大学で、先端的研究をやろうとしても、それを支えるすそ野や基礎研究がまだ整備されていない。チュラーロンコンの中で一番進んでいる分野の一つは化学だと思うんですが、国際的なレフリー制ジャーナルに、博士論文を書いて通った教員はほんとんどいないわけです。そういう状況のもとで高度化、高度化と言っても、やっぱりむなしいのであって、ある程度の時間をかけて、すそ野から教育基盤をつくっていくというプロセスが必要じゃないかと思います。ですから数字のうえで進学率は非常に上がったけれども、中身のほうがそれについてきていないというのが、私の印象です。

【坂本】　日本のＣＯＥは一ラウンドを終わり、それなりに画期的なんでしょうけど、あのプログラムを通して、人材の国際化をもうちょっと意図的に仕掛ける方法はなかったのかなという思いはあります。八割から九割は日本の研究者がそれぞれの大学でやっているわけでしょう。何割は外国からの研究者を入れるというような条件をつけないと日本の研究を世界に発信する点でも、問題ではないでしょうか。

【馬越】　そうですね。日本のＣＯＥ設計は投入された金額自体が非常に貧弱ですし、大学の研究費に占める比率もほんのわずかで、科学研究費の何百分の一程度です。もう一つの問題は、今おっしゃいましたように、ＣＯＥの申請条件に改革のためのインセンティブが設定されていないので、採択されると原則として自由にやりなさいということになっている。過去の実績に対するご褒美として選定している形になっていますから、おっしゃるような問題があると思います。

中国でも韓国でもＣＯＥのお金には目的があって、各種の改革をやるために使うことになっている。

ですから中国の二一一工程にしても九八五工程にしても、外国のトップレベルの学者を呼ばなければいけないとか、ある程度条件がついている。日本の場合はその辺があいまいで規模も小さいし、どれほどの効果があったかというのは、そろそろ一巡したところで再検討しなければいけないのではないでしょうか。

【坂本】　何かそんな感じがしますね。そういう点での戦略が見えませんね。

日本の大学・大学院とアジア人留学生問題

【馬越】　次に先生方にお尋ねしたいのは、留学生の問題とかかわって、アジア諸国の大学院レベルの教育と日本における大学院レベルの留学生教育の問題です。東アジア、特に韓国と中国ではアメリカモデルの課程制大学院が軌道にのり、国内で博士の量産体制に入りました。韓国では博士過剰の時代に入っています。一方、東南アジアの大学院は、それほど博士学位を出していないと思いますが、いかがでしょうか。

【末廣】　フィリピン、マレーシア、タイの間では大学院での単位交換制度があり、フィリピン人がマラヤ大学で修士学位をとるケースはありますが、博士学位までとなると問題がある。審査する人が全部Ph.D.を持っていないといけないという問題がありまして、分野によってはPh.D.を持っている教授がおりませんから、博士学位をすべての分野で出せる状況ではないですね。

【馬越】　その点、韓国や中国は量産体制に入っております。ですから、日本に博士学位をとりに来るより自国で手っ取り早くとって、ポスドクを日本でやりたいと考える中国人が増えてきている。そうなると、坂本先生が最初におっしゃった日本に来る留学生の質の問題が出てきます。改革開放政策の第一期生あたりと比べますと、現在の留学生の質は相当違ってきています。日本は留学生一〇万人計画という数値目標を掲げた世界でもまれな国ですけれども、その是非はともかく一〇万人という数字が日本の大学教育にかなりインパクトを与えたことは事実です。また一〇万人という数値目標が達成されたということは評価すべきことでしょうが、その留学生は東アジア各国からの留学生に偏っています。東南アジアからの留学生は意外に少ない。東南アジアの学生は欧米留学のみならず太平洋地域、(オーストラリア、ニュージーランド)への留学の流れも大きくなっています。さらに言うならば、東南アジア域内の交流、フィリピンからマレーシア、シンガポールへというような域内留学も増加している。

一方、日本人の海外留学者は一〇万人近くいると思いますが、圧倒的に欧米志向でアジアの大学に留学する人は少ない。この受け入れと送り出しのアンバランスをどう考えるか。特に将来の日本とアジア太平洋地域とのつながりを考えますと問題ではないでしょうか。

【坂本】　繰り返しになりますけど、アジアからの日本への留学を考える場合、学部留学の場合、教育言語が日本語に限られていると絶対にバリアが高いと思います。大学院レベルになると、英語でもやっている大学がありますから、そこでは研究内容とか研究分野の魅力が日本留学の決め手になるでしょう。

もう一つの問題は日本へ行きたいと思っても、お金の問題があります。日本はコストが高いことです。私は文科省のある委員会でも言っているのですが、今のままだと東南アジアの留学生を増やそうとしても限界があると。もちろん中国や韓国や台湾の学生さんたちがたくさん来てくれることは結構なことですが、もっと多様な人が来ないとだめだろうといっているんです。例えば、インドなんかの学生がもっと日本に来てくれるとよいのですが、やはり壁がある。

【馬越】その件でちょっと意地悪い質問になるかもしれませんが、先生のところも立命館という本体があって、APUを独立させて、そこに特化して留学生を大量に受け入れていますね。

【坂本】全くそのとおりです。

【馬越】ほかの大学にはそのようなことをやる力がそもそもないと思うのですが、そのあたりどのようにお考えですか。

【坂本】それで私はいま一つの仕事として、京都の立命館大学のほうで、英語を媒体にして一二四単位を提供できるような新しいプログラムをつくろうとしています。問題はそれを担える人材がどれだけ整うかという学内的な話ですけど、単純に、外国語、英語を担当している人にそれをやらせられるかというと、そうもいかない。そうすると、どうしてそのような人材を既存の人事枠組みの中でスピンアウトするか。そこが一番大きな問題です。

【馬越】　例えばマレーシア政府派遣の国費留学生にしても、日本に来る人たちは日本語予備コースで、欧米の大学に留学する人たちより二年余計に日本語を学ばなきゃいけないというハンディがあるわけです。ですから、普通の人だったら、手っ取り早い欧米の大学に先に行っちゃうわけですね。ですから日本の大学が本当に英語でも大丈夫という形になれば、すっと来られるわけです。日本語は日本に来てやったほうが早いわけですから。

【坂本】　そのとおりですよ。とにかく英語で受け入れて、日本語は並行してやらせるというぐらいのことを仕掛けないと。

【馬越】　ですから、今までの日本における留学生政策（「一〇万人計画」）というのは、留学インフラの整備が中心でして、例えば日本語教育、アコモデーション（宿舎）、スカラーシップ（奨学金）等の整備はある程度進んだわけです。ところが、肝心かなめの教育や研究のアトラクティブネス、つまり学部や大学院での教育それ自体がどれだけ留学生を引きつけることができるかという点になりますと心細いですね。言語（日本語）の壁もありますし。ただこれは非常に悩ましく、難しい問題です。

【坂本】　私は人文・社会系の学部教育を、いきなり英語でやるのはなかなか難しいが、理工系は学部でも英語で相当やれるんじゃないかと思います。英語で受け入れて、日本語の教育もしてやれば付加価値も大きくなるし、それをもうちょっと進めるべきでしょう。まず理工系が突破口じゃないかと思っています。

【馬越】　確かに理工系は突破口でしょうね。私の前任校の名古屋大学では、理工系中心の大学なんですが、確かに大学院レベルではペーパーは英語で書くことがだんだん多くなっていますけど、英語で本当に教育プログラムができているわけではありません。大学院研究科の中に英語による〇〇コースみたいなのが「点」としてある「出島」方式のプログラムにすぎません。ですから、まだ日本の大学では大変難しいんじゃないかと思います。

【坂本】　東京大学はどうですか。理工系での英語による教育はかなり進んでいるじゃないですか。

【末廣】　例えば都市工学なんかですと、留学生が一人もいなくても大学院の授業は英語でやるとか、論文は英語で書くように指導するという方法をとっていますけど、社会科学系の場合は、やはり日本語を学んでもらわないと困ることがありますね。日本語で理解してほしい概念がいろいろとありますから。それと、法律や歴史、会計学など学ぶときに、日本語さえ知っていれば、翻訳書を通じて世界中の制度や仕組みが全部読めるわけですよ。これは大変便利です。ところが英語だとそれができない。

アジアとの今後のつき合いを考えると、私の持論は第二言語は英語か中国語かどっちかを学びなさいということです。だけど三つめにタイ語とかラオス語、あるいはアラビア語でもいいし、トルコ語でもいいし、必ず三つめに学ぶ外国語を決めておくこと。そうしないと、民主主義（デモクラシー）や公正・正義（ジャスティス）という概念が、英語という共通言語だけで理解されてしまう。それぞれの国に固有の「公正・正義」という概念や言葉があるのに、英語のジャスティスだけでものごとを見ていくと、理解がゆがんだ形になる。日本語の正義と英語のジャスティスとタイ語のタンマ（日本語ではダルマ）という、三つの言葉を比較しながら、公正・正義とは何かということをぜひ考えもらいたい。そのためにはやっぱり日本に来た学生には日本語を勉強してほしいですね。

【坂本】　それは私もそのとおりだと思います。

【馬越】　私も同感でして、第二言語、第三言語を学ぶコストを日本ほど払っていない国はないと思います。これは日本語があまりにも通用し過ぎているせいもあるわけですけれども、私も第二言語、第三言語の学習に力を入れる必要があると思います。今やグローバリゼーション趨勢の中で、第二言語が英語に特化されつつあるというのは、ある意味で仕方のない話で、小学校段階からそろそろ決断しなければいけないのではないでしょうか。そのうえで、私は第三言語としてアジアの言語を学ぶことを勧めたいですね。

【坂本】　私も留学生は日本語を勉強してもらわないと困ると思うんですけれども、日本語ができないと日本へ来られないというのはやめなければならないと思う。だから「英語でも受け入れますよ。しかし日本語も並行して勉強してください」と言える仕組みを日本の大学がつくることができれば、相当来る人の層が広がると思う。

【中山】　私の大学でもまず日本語を強調するというところがありまして、日本語が一定のレベル以上でないと入学許可を出さない。

【坂本】　そうでしょう。

【中山】　そのうえに、結構難しい英語の試験までやって、この二つができないと入れないというふうになっているんです。もう一つはアコモデーションの問題です。私の前任校は新潟大学だったのですが、あそこは学生街がありまして、私設のアパートや寮に夜中まで日本人学生も留学生もいました。ところが、現在の勤務校である静岡県立大学は管理体制がちゃんとしているので、夜七時ぐらいになると全部オートロックで入れないわけですね。出されますよね。新しい大学はたまり場がないんです。大学はきれいさっぱりしていて、いつもガードマンが回っている。

私の大学はフィリピンの大学との交流協定がありまして、フィリピンの学生が来ているんですけど、清水市あたりのあるアパートにぽつんと一人で住んでいるので、行くところがない。近所は別に学生が住んでいるわけじゃないので日本語もしゃべれない。フィリピン系の人ばかりいるようなアパートでフィリピンの母国語ばかりしゃべっていて、日本語も上手にならない。

【馬越】　混住政策をとらないと、そういうふうになってしまいます。

【中山】　だから中国の大学のように皆が大学の中に住んでいると、いや応なしに昼間の八時間だけでない交流があるわけです。

【影山】　ＡＰＵは敷地内に寮がありますね。

【坂本】　寮があります。一、〇〇〇人ほど入っております。しかしそのくらいにしておかないと、逆に学生が全部大学の中にこもったら、街との交流ができなくなる。その辺のバランスが重要ですね。

これからのアジア・太平洋地域と日本の大学

【馬越】　それでは最後に、今後におけるアジア・太平洋地域の大学と日本の大学との交流に関連して、先生方のご提言やお考えをお伺いできればと思います。

実は、日本の大学の諸外国の大学との交流協定は非常に増えているんです。例えば東京大学など規模の大きな大学だと、何百という数になっています。私の前任校の名古屋大学なんかでもそうです。ところが、そういうシステムが本当に生きているのかどうかということになりますと、これまでの国立大学の場合は、そういうプログラムに対する予算の手当てがきちんとできていない。交流協定が多い割には、その成果が挙がっていないのではないかと思います。

協定に魂を入れるためにはどうすればいいのか。それでは、私立大学の場合は国立大学と違って、お金が自由になるかというと、必ずしもそうでない。大体国立と同じでありまして、私学独自の留学生に対する奨学金はそれほど多くはないわけです。

確かにこの一〇年間、大学間の交流は、量的には増えているのですけれども、質的な面でやはり点検すべきところが多いのではないかという気がするのです。

以上のようなことも念頭に、将来に向けて夢のあるお話をいただければと思います。

【末廣】　日本からも相当数の人間が、アジア各国に仕事や観光で行っているし、日本も一一万人の在日留学生のうち、九割以上はアジアから引き受けているのですけど、相互理解という面ではあまり進んでいない。むしろ、最近気になるのは、中国であれ他の東南アジア諸国であれ、若い人たちの日本に対する知識や理解が不足しており、感情的な形で反日運動が起きているが、日本自身も相手のことがあまりわかっていないし、知る努力もしていない。

また、メディアを通じて日本に関する紹介は増えているのに、基本的なところでお互いの理解が進んでいないことが、非常に気になっている点です。そのことから、アジアの教育の中にお互いを知るということをもっと入れていかなければならない。このままだと留学生をいくら引き受けても、相互理解につながらないという問題を繰り返すだけではないのか。そこをどう突破すればいいのかに関連して、私自身はいま、教育に対する日本のアジア向け技術協力はどうあるべきか、ということを考えているところです。

【坂本】　私は成熟社会における高等教育のあり方というのは、どこの先進国も抱えている問題をまだ明確にして、解決しているとは思わない。この問題を多少なりとも前に進めるのには、やっぱり国際的なつき合いとか、相互理解を通じて若者に新しい刺激を与えることが重要なことだと思います。

その過程で、いろいろ偏見があったり、行き違いがあったりしているのですが、例えばこの一〇年を見たって、私たちのキャンパスの中一つ見ても、相当に進んだんじゃないかと思っています。だから、いろいろ難しい問題を抱えるけれども、やっぱり研究者も学生も職員も、もっと外へ出ていかないとだめですね。出ていって、いろいろなレベルでのつき合いをする必要があります。内にとじこもって気楽にやるというのではだめなんじゃないかと思います。そこをのり越えられるかどうかですね。


【馬越】　日本の大学がこの一四、五年で相当変わったことは確かですね。たしか留学生一〇万人計画をスタートした一九八三年の留学生数は一万人足らずです。それが今では一〇倍以上になってきていますから、留学生を受け入れる教職員の意識も変わらざる得なくなってきております。

ただアジアとの交流の問題で言えば、まだ総論の段階から各論の段階への移行期で、もう少しきめの細かいことをやる必要がこれから求められている。坂本先生のところのＡＰＵはそれをいち早くなさったわけですけれども、具体的な試みが、これから出てくることを期待したいです。

言語の問題については、アジア・太平洋地域の大学との交流では、英語を共通語とせざるを得ない。このことを自覚して、これはやはり小学校から大学まで英語教育に関する国家戦略を立てる必要があると思います。同時に重要なことは、さっき末廣先生もおっしゃいましたけど、中国語でも韓国語でもラオス語でも何でもよいから、英語以外のもう一つの言語を学習する機会を学校教育の早い段階でつくる必要があります。韓国では中学校から英語(第一外国語)以外に、第二外国語を選択科目にしています。日本に来た人たちに日本語を求めるのであれば、われわれもアジアとつき合う場合には、アジアの言葉を何らかの形で学習する必要がある。

もう一つ言うならば、坂本先生もさっきおっしゃいましたが、日本の大学教師がアジアの国に行って、本気で教える経験をする必要があります。アジアをフィールドとする研究者が現地で研究するのはやさしいんですけれども、本当に教壇に立って教え、同僚の先生方と議論しながら、学生の評価をして、学位も出すという作業は大変なエネルギーが要ります。しかしそれをやらないと、本当の交流にならないのではないかと思います。交流協定を結ぶだけじゃなくて、実際にアジアの大学に行って教えることを提言したい。

【影山】　長時間ご議論いただき誠にありがとうございました。アジアの高等教育の現状というのは、今まで一部の専門家を除いて、日本国内ではあまり知られていなかったのではないかと思います。同じアジアの中でこういう動きがある、こういう課題があるという情報は、日本の大学の改革にもかなり参考になるのではないでしょうか。そういう点でも、竹内宏委員長をはじめ組織委員の先生方の狙いも十分達成されたのではないかと思います。フォーラムにご参加いただきました先生方に改めて感謝申し上げます。

この度、この第八回のフォーラムで議論した内容を再構成し、出版の運びとなりました。この本が、少しでも皆様のお役に立てれば幸いです。

この本の作成にあたりまして、監修者の馬越徹先生には書き下ろしの原稿を頂いたばかりでなく、監訳、座談会の司会をはじめ全面的にご尽力頂きました。この場を借りて厚く御礼申し上げます。

平成一七年一〇月

静岡アジア・太平洋学術フォーラム組織委員会委員長
（財団法人静岡総合研究機構理事長）
竹内　宏

（参考資料）第八回静岡アジア・太平洋学術フォーラム　講師一覧（肩書きは当時）

平成一五年一二月一三日（土）、一四日（日）

全体テーマ：アジアの高等教育の未来像

第一セッション「アジア各国における高等教育への取り組み～知的創造と人材育成～」

座長：角替弘志（常葉学園大学副学長、教育学部長）

座長補佐：渋谷恵（常葉学園大学教育学部助教授）

発表者：ク・チエンミン（浙江大学教育学院高等教育研究所長）
ハン・ユギョン（尚志大学校教育学部教授）
ワライポーン・サンナパボウォン（タイ国家教育委員会上級研究員）
杉本均（京都大学大学院教育学研究科助教授）
クレイグ・マックイニス（メルボルン大学高等教育センター長）
討論者：末廣昭（東京大学社会科学研究所教授）
ヴィスワナタン・セルバラトナム（前・アジア地域高等教育地域開発研究所長）
中山慶子（静岡県立大学国際関係学部教授）
ジェラルド・ポスティグリオーネ（香港大学華正中国教育研究センター所長）
村田翼夫（筑波大学教育開発国際協力研究センター長、教育学系教授）
特別講演「中国、香港地域の高等教育の展望」
：アンドリュー・ウォルダー（スタンフォード大学社会学教授、アジア太平洋研究センター所長）
第二セッション「アジア・太平洋時代における日本の大学」
座長：竹内宏（静岡総合研究機構理事長）
問題提起者兼討論者：馬越徹（桜美林大学大学院教授）

あとがき　226

討論者：青木保（政策研究大学院大学教授）
坂本和一（立命館アジア太平洋大学長）
中井弘和（静岡大学副学長）
原田誠治（静岡新聞社常務取締役）

東信堂

教育の平等と正義	K・ハウ著 大桃敏行・中村雅子・後藤武俊訳	三二〇〇円
大学教育の改革と教育学	K・ノイマン著 小笠原道雄・坂越正樹監訳	二六〇〇円
ドイツ教育思想の源流―教育哲学入門	R・ラサーン著 平野智美・佐藤直之・上野正道訳	二八〇〇円
経験の意味世界をひらく―教育にとって経験とは何か	市村・早川・松浦・広石編	三八〇〇円
洞察＝想像力―知の解放とポストモダンの教育	D・スローン著 市村尚久・早川操監訳	三八〇〇円
文化変容のなかの子ども―経験・他者・関係性	高橋勝	二三〇〇円
教育の共生体へ―ボディ・エデュケーショナルの思想圏	田中智志編	三五〇〇円
人格形成概念の誕生―近代アメリカの教育概念史	田中智志	三六〇〇円
ナチズムと教育―ナチス教育政策の原風景	増渕幸男	二八〇〇円
サウンド・バイト：思考と感性が止まるとき	小田玲子	二五〇〇円
体験的活動の理論と展開―「生きる力」を育む教育実践のために	林忠幸	二三八一円
新世紀・道徳教育の創造	林忠幸編	二八〇〇円
学ぶに値すること―複雑な問いで授業を作る	小田勝己	二二〇〇円
階級・ジェンダー・再生産―現代資本主義社会の存続メカニズム	橋本健二	三二〇〇円
再生産論を読む―バーンステイン、ブルデュー、ボールズ＝ギンティスの再生産論	小内透	三二〇〇円
教育と不平等の社会理論―再生産論をこえて	小内透	三二〇〇円
情報・メディア・教育の社会学―カルチュラル・スタディーズしてみませんか？	井口博充	二三〇〇円

〒113-0023 東京都文京区向丘1-20-6 ☎TEL 03-3818-5521 FAX 03-3818-5514 振替 00110-6-37828
Email tk203444@fsinet.or.jp URL: http://www.toshindo-pub.com/

※定価：表示価格（本体）＋税